Steel
Bei Totschlag drücken Sie die #-Taste

PIPER

Zu diesem Buch:

Ihr größter Vorteil ist gleichzeitig ihr größter Nachteil: Die 110 ist schnell gewählt, und so landen in der Polizeinotrufzentrale nicht nur Notfälle, sondern auch jede Menge Verirrte, Verwirrte und Verwöhnte: Autodiebe, denen das geklaute Auto geklaut wurde, Teenager, die von der Polizei nach Hause chauffiert werden wollen, ein Stalkingopfer, dessen skrupellose Peinigerin eine Katze ist ...
Dialoge mitten aus dem Wahnsinn des Alltags.

»*Steel*« arbeitet seit 2003 in einer Leitstelle in Nordrhein-Westfalen. Außerhalb seines Einsatzgebietes möchte er lieber anonym bleiben. In seinem beliebten Blog berichtet er einer treuen Fangemeinde regelmäßig über die lustigsten Erlebnisse am Notruftelefon. http://steel.twoday.net/

Steel

BEI TOTSCHLAG DRÜCKEN SIE DIE #-TASTE

Kurioses aus der Polizeinotrufzentrale

Piper München Zürich

Mehr über unsere Autoren und Bücher:
www.piper.de

MIX
Papier aus verantwor-
tungsvollen Quellen
FSC® C083411

Originalausgabe
Januar 2012
© Piper Verlag GmbH, München 2012
Umschlaggestaltung: Eisele Grafik-Design, München
Satz: Kösel, Krugzell
Gesetzt aus der Lucida Bright
Papier: Munken Print von Arctic Paper Munkedals AB,
Schweden
Druck und Bindung: CPI – Clausen & Bosse, Leck
Printed in Germany   ISBN 978-3-492-27339-8

Inhalt

Vorwort

Wenn Sie mir über dieses Vorwort hinaus folgen, werde ich Sie mit in die Welt der Polizei nehmen, genauer gesagt: in eine Notrufzentrale. Diese Welt unterscheidet sich schon sehr von der Realität eines »Normalsterblichen«, denn ein Polizist blickt sozusagen hinter die Kulissen des Lebens. Er sieht Grausames, Schönes, Ekelhaftes, Trauriges, Verrücktes und Schockierendes in einer Form und Vielfältigkeit, dass irgendwann gar nichts mehr unmöglich scheint.

Wenn nun jemand erzählt, er sei Polizist, dann heißt das nicht unbedingt, dass sein Leben wie im Film von Action bestimmt ist und er tagein, tagaus mit der Aufklärung von Verbrechen beschäftigt ist. Möglicherweise fliegt er einen Hubschrauber, verrichtet Dienst als Hundeführer, ist Gruppenbeamter einer Spezialeinheit, bearbeitet Sittendelikte oder ... oder er sitzt in einem großen Büro, das rund um die Uhr besetzt ist, und nimmt die Anrufe der 110 entgegen. Vielleicht kennen Sie die ein oder andere

Notrufzentrale aus Filmen – doch die Wirklichkeit sieht anders aus. Statt Karten, Block, Bleistift, Telefon, Telefonbuch und diversen Ordnern hat jeder Beamte vor sich eine Tastatur, zwei Mäuse, dazu ein Headset, denn telefoniert und gefunkt wird über den PC. Dazu kommen drei Bildschirme, auf denen man in Sekundenschnelle alle notwendigen Informationen aus verschiedenen Datenbanken abrufen kann. Verlassen darf man seinen Platz so gut wie gar nicht, es sei denn, das menschliche Bedürfnis nach frisch gebrühtem, starkem Kaffee meldet sich und verlangt, dass man ihm nachgeht. Wer Hunger hat, darf sich nicht einfach in den Streifenwagen setzen und mal schnell zur nächsten Bäckerei fahren, sondern wird stattdessen in das mitgebrachte Brötchen beißen. Wenn einen dann der Kollege anfunkt oder gar ein Notruf eingeht, heißt es schnell herunterschlucken und aktiv werden.

Die Arbeit in der Notrufzentrale selbst ist voller Überraschungen. Man weiß nie, was das nächste Klingeln des Telefons einem bringt. Kann sein, dass sich ein Geiselnehmer meldet. Kann sein, dass jemand sterbend ins Telefon röchelt und um Hilfe fleht. Kann aber auch sein, dass sich einfach jemand verwählt hat. Oder dass ein Kind einen Telefonstreich macht und einen inmitten all der täglichen Hektik und zuweilen auch Tragik zum Lachen bringt.

Wie Sie auf den folgenden Seiten lesen werden, wählen die Leute aus den unterschiedlichsten Gründen den Notruf. Manche tun dies aus der Erwartung heraus, dass ihr Gesprächspartner sämtliche Gesetze in- und auswendig kennt, Ehe- und Erziehungsprobleme am Telefon löst, Gesundheit und Lebensmut wiederherstellt und jederzeit Lust auf einen Smalltalk hat. Einen Aufzug reparieren soll er natürlich auch noch können. Oder zumindest jemanden schicken, der es für ihn erledigt, aber pronto!

Natürlich können und wissen wir Polizisten nicht alles, und natürlich machen auch wir Fehler. Aber wir geben uns redlich Mühe, den Menschen so gut wie möglich zu helfen, und das oft genug weit über unseren gesetzlichen Auftrag hinaus.

Im Jahr 2004 lernte ich das Phänomen Weblog kennen und begann aus reiner Neugier, einen privaten Blog zu führen. Zur gleichen Zeit las ich natürlich auch diverse andere Webveröffentlichungen, wobei mich der Blog eines Düsseldorfer Anwalts besonders faszinierte, der ausschließlich Anekdoten aus seiner Kanzlei postete. Diese knappen Beiträge waren immer sehr kurzweilig und erfreuten sich großer Beliebtheit bei der wachsenden Leserschaft.

Skurrile Geschichten aus der Arbeitswelt? Damit könnte ich auch dienen, dachte ich mir. Da ich Dienst und Privates strikt trennen wollte, startete ich einen zweiten Blog, der ausschließlich aus Notrufdialogen bestand.

Die kurzen Dialoge, die Sie im Folgenden lesen, sind alle echt. Im Blog warfen mir Kommentatoren so manches Mal vor, ich hätte mir das alles nur ausgedacht. Es wäre schön, wenn ich derart kreativ wäre und mir solche Geschichten ausmalen könnte – ich bin es aber nicht. Sämtliche Gespräche sind hier so genau wie nur möglich wiedergegeben. Natürlich kann ich während der Arbeit nicht mitschreiben; daher notiere ich die Gespräche zu Hause aus dem Gedächtnis. Faszinierend, was Menschen so alles fragen, wenn sie mit dem Notruf verbunden sind – da kann selbst die größte künstlerische Freiheit die Wirklichkeit nicht toppen.

Ich habe sämtliche Geschichten anonymisiert, um niemanden zu schädigen. Wenn in den Dialogen einmal Namen auftauchen, so sind dies natürlich nicht die echten, sondern von mir passend erfunden. Hier war ich dann doch kreativ… ;-)

Weil ich mich nicht als Hauptperson des Buches betrachte, werde ich auch weiterhin anonym bleiben und Sie nicht mit meiner Vita strapazieren. Apropos strapazieren – ich schlage vor, wir verlassen nun das Vorwort und widmen uns dem eigentlichen Inhalt dieses Buches, das folgendermaßen beginnen muss:

Mein Nickname ist Steel, und ich bin Polizist …

Missbrauch von Notrufen

§ 145 Strafgesetzbuch (StGB) –
Missbrauch von Notrufen

Wer absichtlich oder wissentlich
   a) Notrufe oder Notzeichen missbraucht oder
   b) vortäuscht, dass wegen eines Unglücksfalles
      oder wegen gemeiner Gefahr oder Not die
      Hilfe anderer erforderlich sei,
wird mit Freiheitsstrafe bis zu einem Jahr oder
mit Geldstrafe bestraft.

Die Polizei, dein Freund und Helfer in allen Lebenslagen

Nur zu gern werde ich der Rolle als »Freund und Helfer« meiner Mitmenschen gerecht, auch wenn man erfahrungsgemäß meist dann so tituliert wird, wenn ein anderer etwas von einem will. Manchmal aber – nach x Nachtschichten und Sondereinsätzen – könnte der Freund in allen Lebenslagen glatt seine Freundlichkeit vergessen. Da hilft oft nur Durchatmen – tief durchatmen. Schließlich weiß der Anrufer ja nicht, dass ich für zehn Städte verantwortlich bin. Er kann auch nicht ahnen, wer vor ihm angerufen und womöglich mit Geiselnahme, Suizid, Totschlag oder anderen Maßnahmen gedroht hat. Am Telefon herrscht in gewissem Maße Anonymität – ein Umstand, der einige Anrufer offenbar dazu bringt, die Silbe »Not« in »Notruf« geflissentlich zu ignorieren und frei von der Leber weg zu erzählen, was ihm so gerade durch den Kopf geht und wo in seinem Leben er denn gern einen Freund oder auch nur Helfer zur Seite hätte. Manchmal aber ist der Anrufer auch derart kreativ, dass es einem die Sprache verschlägt. Sie glauben es nicht? Schon mal was von Handysuchhunden gehört?

Gekotzt

»Polizeinotruf.«
Die Stimme einer jungen Frau: »Ja, hallo. Meine Mutter hat hier eben gekotzt, und der geht es nicht gut.«
»Aha. Soll ich Ihnen einen Krankenwagen schicken?«
»Nee, nee. Also, wir waren im Bus, und dann hat die angefangen zu kotzen. Und dann war ein Mann total unfreundlich, und mein Freund hat Stress mit dem gekriegt. So. Und dann hat der Busfahrer uns rausgeschmissen, weil meine Mutter alles vollgekotzt hat und mein Freund Stress mit dem Typen hatte.«
»Ja – und jetzt?«
Ungeduldig: »Ja – jetzt wollen wir nach Hause.«
Bestätigend: »Gute Idee, das halte ich auch für das Beste.«
Hoffnungsvoll: »Ja, kommen Sie vorbei und holen uns ab? Wir sind gerade am …«
Unterbrechend, stur: »Warum sollten wir Sie abholen?«
Beharrlich: »Na, meine Mutter hat doch gekotzt, und der Bus ist weg!«
»…«

Baggern

»Polizeinotruf.«

Eine Frau, um die fünfzig, resolut: »Ja, also, ich bin
gerade in der Großküche. Drei Jugendliche sind
mich hier am Anbaggern.«

»Was machen die?«

Ungeduldig: »Ja, die *baggern* mich an!«

Begriffsstutzig: »Aha. Was wollen die denn genau?«

»Ja ... äh ... ficken!«

Verblüfft, amüsiert: »Ficken? Aha. Wo sind die denn
jetzt?«

»Na, hintenrum. Umweltschutz, denke ich mal so.
Ich muss jetzt aber auch weiterkochen.«

Klick.

»???«

Positive Verstärkung

»Polizeinotruf.«

»Ich wollte mich nur ganz herzlich für die gute
Zusammenarbeit bedanken. Vielen Dank und
weiterhin alles, alles Gute.«

Klick.

Äh ... Freut mich. Sie können ruhig öfter
anrufen ... :-)

Auf 40 runter

»Polizeinotruf.«

Eine männliche Stimme, leicht hektisch, etwas
nuschelnd: »Guten Tach. An dem Haus hier
nebenan, da sind so zwei Strahlungsanlagen. Die
strahlen so stark, dass ich schon krank bin. Die
Strahlen gehen ja überall durch, obwohl ich meine
Wände schon präpariert habe.«

Interessiert. »Ach, sind das die beiden Anlagen in
N-Stadt?«

»Ja, ganz genau. Die sind beide neu.«

Souverän. »Ja, stimmt. Die sind wohl noch nicht
richtig eingestellt. Ich stelle die mal beide auf
40 runter, dann merken Sie nichts mehr davon.«

Überrascht: »Wie – Sie können das?«

Stolz: »Schon erledigt. Ich bin ja bei der Leitstelle
für den ganzen Kreis. Wir haben hier die tollste
Technik!«

Dankbar. »Ja – meine Kopfschmerzen lassen auch
schon nach. Aber lassen Sie die Anlagen jetzt
bitte auch auf 40! Nicht, dass Sie die wieder hoch-
stellen!!!«

»Versprochen.«

»Jetzt schalt mal wieder auf 40 runter« war darauf-
hin eine ganze Weile lang in unserer Leitstelle ein
geflügeltes Wort.

Ein Fall für die Suchhundstaffel

Sonntagmorgen, 6:27 Uhr

»Polizeinotruf.«
Eine männliche Stimme, leicht nuschelnd: »Hallo.
Schicken Sie bitte mal schnell ein paar Kollegen zu
mir.«
»Um was geht es denn bitte?«
»Ich hab mein Handy verloren.«
»Handy? Verloren?«
»Ja, sag ich doch. Ich hab das hier irgendwo
verloren.«
Schmunzelnd: »Und nun sollen wir das für Sie
suchen, oder was?«
Energisch: »Ich brauche sofort ein paar Leute, die
mal die Straße ordentlich ausleuchten, mit Taschen-
lampen oder so, und am besten bringen Sie ein
paar ... äh ... Handysuchhunde mit!«
Handysuchhunde. Na, der ist ja mal kreativ. Trotzdem muss ich das ablehnen. »Tut mir leid. Dies ist
die Notrufzentrale, hier geht es um wirkliche
Notfälle. Ich kann Ihnen keine Kollegen vorbeischicken.«
Genervt: »Boah, ey – sach mal. Wozu ist die Polizei
denn überhaupt da?«

Böse Handwerker

»Polizeinotruf.«

Männliche Stimme, aufgeregt: »Das ist kein Notruf, sondern ein Hilferuf!«

Da ist Professionalität angesagt. »Bitte nennen Sie mir möglichst deutlich die Adresse und worum es sich bei diesem Hilferuf dreht.«

»Also, hier bei uns wird in einer Nachbarwohnung renoviert. Die Arbeiter schlagen ständig die Tür laut zu, wenn sie gehen. Dabei ist das gar nicht nötig – man kann die Türen hier nämlich auch leise schließen.«

Tief durchatmen. »Tja, dann sprechen Sie die Leute doch mal an!«

»Das habe ich bereits getan. Ich habe sogar ein Schild gemacht, auf dem steht: ›Wenn die Tür nicht leise geschlossen wird, rufe ich die Polizei.‹ Aber die lachen nur darüber.«

Gedacht: Tja, würde ich vielleicht auch, wenn ich nicht »die Polizei« wäre.

Gesagt: »Dann sprechen Sie am besten einen Verantwortlichen an.«

»Aha. Ja, dann muss ich wohl erst mal mit meinem Vermieter reden, um von dem die Telefonnummer zu erfahren.«

»Okay, dann machen Sie das.«

»Gut, ich bedanke mich. Tschüss.«

Fünf Minuten später.

»Polizeinotruf.«
»Ja, ich bin es noch mal. Ich hatte eben wegen der Türenknallerei angerufen.«
Seufz. »Ja, ich erinnere mich.« *O ja, das tue ich …*
»Also, ich habe jetzt meinen Vermieter angerufen. Der hat nur gesagt, ich könne ihn mal am Arsch lecken, und hat aufgelegt.«

Lieber Vermieter, ich danke dir sehr für diese Inspiration … ;-)

Altweiberfastnacht I

»Polizeinotruf.«
Ein alter Mann kräht mich an. »Jaaaaa … Können Se ma kommen?«
Offenbar rufen nicht nur Kinder, sondern auch Angetrunkene gern mal bei uns an, um uns den Tag zu versüßen. Ich bleibe ernsthaft. »Kommt darauf an. Worum geht es denn?«
Er kräht weiter. »Jaaaaa … Hier steht ein Lkw.«
Es klingeln weitere Notrufe. Gib Gas, alter Freund.
»Ja, und was ist mit dem Lkw?«
»Jaaaa … der steht hier auf dem Bürgersteig.«
»Aha. Und jetzt können Sie nicht daran vorbei.«

»Neeee, neeee … Das ist es nicht. Ich kann daran vorbei.«

Ruhig bleiben. »Ja, aber?«

»Ich kann das Kennzeichen gerade nicht sehen … Moment.«

Grrr. »Sagen Sie doch erst mal, wo das Problem ist, bitte!«

»Ich habe mit dem Fahrer gesprochen. Der sagt, er fährt gleich wieder weg.«

Da klingeln immer noch Notrufe, die auch auf mich warten. Drängend: »Ja, das ist doch super. Dann ist doch alles klar, oder?«

»Jaaa … Moment noch. Ich muss näher ran – ich kann das Kennzeichen nicht erkennen.«

»Ist auch egal. So dringend muss ich es gar nicht wissen. Aber ich muss jetzt schnell auflegen, da wollen noch andere Leute mit mir sprechen, okay!?«

»Jaaa … ach wissen Se, ich bin auch ein wenig betrunken. Soll ich nach Hause gehen?«

»Ja, bitte!«

»Also dann … machen Se's gut.«

»…«

Altweiberfastnacht II

»Polizeinotruf.«
Eine Frau mittleren Alters, leicht säuselnd: »Das ist aber kein Notruf.«
»So.«
»Aber ich will schon lange etwas sagen.«
»Na, dann mal schnell raus damit!«
»Hier auf der Y-Straße, da treiben sich oft Typen rum – das ist nicht die wahre Freude. Fahren Sie ruhig mal öfter vorbei.«

Altweiberfastnacht III

»Polizeinotruf.«
Eine Männerstimme. Aggressiv, provozierend:
»Na, sind Sie schön am Feiern, hm!?«
»Wir?«
»Ja, klar. Genau Sie. Feiern Sie schön?«
»Joah, so kann man das auch nennen.«
»Das denke ich mir. Sie haben es schön, hm?«
»Ja, danke der Nachfrage.«
»Wo kann man denn jetzt noch so feiern, hmmmmm?«
»Überall da, wo sich ein paar nette Menschen finden, würde ich sagen.«
»Ach. Vielleicht schauen Sie trotzdem mal am

P-Platz in M. vorbei. Falls Sie dann mal doch Zeit haben. Da randalieren nämlich welche. Das stört mich ganz schön.«

Aus Prinzip

Gespräch eines Kollegen im Nachtdienst:

Ein älterer Mann. »… Musik viel zu laut. Das kann so nicht sein. Ich möchte, dass Sie sofort herkommen und für Ruhe sorgen. Eine Unverschämtheit, so etwas.«
Der Kollege ist ruhig und routiniert. »Das verstehe ich. Ich werde gleich meine Kollegen …«
Unwirsch unterbrechend: »Ach, und eins noch: Ihre Kollegen sollen aber nicht bei mir klingeln. Ich nehme jetzt mein Hörgerät raus, dann höre ich gar nichts mehr.«
»…«

Spielstraße

»Polizeinotruf.«
Eine Frauenstimme, angenehme Modulation:
»Ja, einen schönen guten Tag. Mich würde

interessieren, ob die Stadtverwaltung tatsächlich plant, aus der H-Straße eine Spielstraße zu machen!«
Genervt, weil definitiv schlechter Tag: »Nicht solche Fragen über eine Notrufleitung.«
Überrascht: »Nicht?«
Pampig: »Nein!!!«
Genauso pampig: »Na, dann lege ich halt auf, bitteschön! Das haben Sie jetzt davon!« Klick.

PS
Ich weiß nicht, welche Konsequenzen die Dame für ihr Auflegen voraussah – aber mit der anschließenden Ruhe kam ich wunderbar klar.

Wo bin ich?

»Polizeinotruf.«
Eine männliche Stimme, leicht nuschelnd. »Halloooo. Hab gehört, Sie können inzwischen auch Handys orten ... Können Sie das mal mit meinem machen? Irgendwie finde ich kein Straßenschild und weiß gar nicht mehr so richtig, wo ich hier überhaupt bin!«
»...«

Freund, Helfer, Mechaniker

Heiligabend, 19:15 Uhr

»Polizeinotruf.«
Eine junge weibliche Stimme, schnell, aufgeregt:
»Hallo? Hören Sie, mein Vater, ein paar Kinder
und noch andere Leute stecken in einem Aufzug
fest ...«
Geschäftig: »Ja, wo genau ist das bitte?«
Unbeirrt: »... wir haben auch schon den Mechaniker
angerufen ...«
Schon wieder unterbrechend: »Ach so, Sie haben
schon jemanden verständigt!?«
»... aber die haben gesagt, das dauert gute zwanzig
Minuten!!!«
Verwirrt: »Äh, ja. Das klingt ja prima. Wie kann *ich*
Ihnen jetzt helfen?«
Empört: »Ey, die haben gesagt: gute zwanzig
Minuten!«
»Ja, das habe ich gehört. Ich habe allerdings nicht
verstanden, warum Sie jetzt hier anrufen.«
Ungeduldig: »Boah, Mann, ey: Zwanzig Minuten, das
dauert mir zu lange. Da habe ich keinen Bock drauf.
Ich will, dass Sie jetzt kommen!«
Baff: »Ja, aber was glauben Sie denn, was wir da
machen können? Wir können doch keine Aufzüge
reparieren, wir sind schließlich keine Mechaniker.
Wir müssten ja auch auf die Fachleute warten ...«

Entnervt: »Oah, Mann – das kotzt mich voll an.
Echt, ey!«
Klick.

Nur mal melden

»Polizeinotruf.«
Ein ungehaltener Mann mittleren Alters: »Ja,
schicken Sie mal einen Wagen vorbei!«
»Und warum?«
Ungeduldig: »Also, mein Nachbar hat hier geklingelt
und mich angeschrien. Das muss aufhören.«
»Wieso, schreit er denn noch immer?«
»Nee, jetzt gerade nicht.«
»Und wann hat er geschrien?«
»Na, so vor 45 Minuten. Das geht so nicht. Ich habe
Zahnschmerzen und brauche jetzt meine Ruhe.«
»Ja, im Moment ist doch auch Ruhe, oder?«
Verblüfft. »Ja, äh … aber … ich wollte das nur mal
melden.«
»Okay, das haben Sie ja jetzt getan.«
Unschlüssig. »Ja … äh … gut. Dann vielen Dank.«
»Nichts zu danken.«

Mir tut jemand was an

»Polizeinotruf.«

Die Stimme einer Dame: »Guten Morgen. Ich hatte schon öfter mit Ihren Kollegen zu tun. Einer hat mich letztens allerdings nicht erkannt. Da hatte ich aber auch Spangen in den Haaren. Wenn ich Spangen trage, sehe ich einfach zwanzig Jahre jünger aus. Ich bin fast siebzig, aber mit Spangen sehe ich so viel jünger aus. Da schauen die Leute schon.«

Hm, und nun? »Ja, und wie kann ich Ihnen jetzt helfen?«

»Ich weiß nicht, wer hier etwas gegen mich hat. Ich hatte ja schon lauter Erbrochenes in der Wohnung, da waren schon überall Würmer drin. Dann hat man mir einen Eimer mit Kot über den Kopf geschüttet. Was soll denn das?«

Uäh. »Das ist mir auch nicht klar.«

Der Albtraum geht weiter: »Und heute wieder so etwas. Ich ging auf Toilette, weil ich wirklich musste. Dann habe ich mich hingesetzt – und es kam gar nichts. So, und jetzt ist mein After dick. Wirklich richtig dick. Ich hatte noch nie einen dicken After. Jetzt frage ich mich, wer tut mir so etwas an?«

Argh, keine Ahnung. Ich weiß aber, wer mir gerade was antut … Und das alles morgens um 6:10 Uhr, vor dem Frühstück.

Ehekrach

»Polizeinotruf.«

Eine klare, männliche Stimme: »Guten Abend.
Würden Sie mich bitte mit dem Polizeipräsidenten
Düsseldorf verbinden!?«

»Worum geht es denn?«

»Nun, ich habe gestern beim Polizeipräsidenten
Düsseldorf Anzeige erstattet, weil ich überfallen
worden bin. Jetzt möchte ich gerne, dass die
Kollegen mir am Telefon bestätigen, dass ich
gestern so lange bei Ihnen war. Meine Frau
glaubt mir das nicht. Was meinen Sie, was hier
los ist!«

Verschenkt oder gestohlen

Eine heisere, tiefe Stimme: »Hallo, hier ist Frau XY.«
Puh. Gut, dass sie *Frau* gesagt hat, sonst hätte ich
sie mit Herr XY angesprochen. Das finde ich immer
peinlich.

»Hallo, Frau XY.«

»Ich habe Angst.«

»Oh, warum denn?«

»Ich bin allein zu Hause. Ich habe einen angerufen,
der mich bestohlen hat. Ich habe Angst, dass der
heute Nacht kommt. Ich werde nämlich auch öfter

nachts beobachtet. Sogar, wenn ich nur Teelichter anhabe.«

»Heijeijei. Das müssen wir jetzt aber erst mal sortieren. Sie haben jemanden angerufen, der *Sie* bestohlen hat!?«

Ungeduldig, als müsste ich das doch wissen:

»Ja. Der Karl. Der war doch mal Taxifahrer. Ich will wieder haben, was ich dem geschenkt habe.«

Konzentriert: »Moment mal. Jetzt sagten Sie geschenkt!?«

Zögernd: »Na ja … halt einen Pulli für seine Frau und Geschirr und so.«

Bestimmt: »Na, das können Sie aber nicht zurückverlangen. Wenn Sie das verschenkt haben, dann gehört es nicht mehr Ihnen. So etwas verlangt man doch nicht zurück!«

Einlenkend. »Ja, das stimmt. Aber er hat auch noch Sachen gestohlen. Ich war ja auch im Krankenhaus. Und der Schmuck – der war mal mehr. Ich weiß nicht, was der hier alles angestellt hat. Ich habe auch meiner Betreuerin Bescheid …«

Unterbrechend: »Moment mal. Betreuerin?«

Peinlich berührt: »Hm, also … Das ist jetzt nicht, dass ich verwirrt wäre oder so. Ich bin nicht verrückt. Die kümmert sich nur um meine Finanzen, meine Bankkonten … ist halt so eine Art Vormund. Aber nur so als Hilfe gedacht, wissen Sie!?«

»Oh, ja. Das verstehe ich jetzt ganz genau. In Ordnung. Dann machen wir das jetzt wie folgt: Sie setzen sich in Ruhe mit Ihrer Betreuerin zusammen und gehen ganz genau den Schmuckbestand durch. Und wenn da tatsächlich was entwendet wurde, dann erstatten Sie mit Ihrer Betreuerin zusammen auf einer Wache Anzeige. Und was Ihre Angst angeht: Wenn irgendjemand bei Ihrer Wohnung auftauchen sollte, rufen Sie sofort 110 an, okay? Wir sind immer da.«

Erleichtert: »Ach, ja. Das ist ja prima. So machen wir das. Jetzt kann ich sicher ruhiger schlafen. Danke für Ihre Hilfe.«

»Gern.« Na, wenn sich nur alle Widersprüche so leicht klären ließen!

Gaffer

Der folgende Anruf ging bei einem Kollegen ein – ich konnte allerdings prima mithören. Der Anrufer sprach nämlich so laut, als ob er wüsste, dass so ein Anruf auch mich interessieren würde …

»Das ist eine Unverschämtheit. Ich bin so was von sauer! Ihre Kollegen stehen hier am Rand der Autobahn und haben offenbar nichts anderes zu tun, als den Verkehr zu beobachten. Und was machen die ganzen anderen Autofahrer? Die gaffen den Streifenwagen an, anstatt zu fahren. Jetzt ist hier voll der

Stau. Das ist so eine Unverschämtheit von Ihren Kollegen. Veranlassen Sie sofort, dass die da wegfahren!«

Ist ja auch denkbar unverschämt, was meine Kollegen da tun. Einfach so den Verkehr beobachten …

Alles bloß ein Missverständnis

Man sollte meinen, dass allein schon der Ausdruck »PolizeiNOTruf« klarmacht, dass es sich eben um eine Notsituation handeln sollte, wenn man hier tätig wird und zum Hörer greift. Manchen ist das auch bewusst, nur eben nicht allen und wieder anderen nicht im Moment des Anrufs. Sei es aus Unwissenheit, Gedankenlosigkeit oder schlichtweg Langeweile – die 110 ist rasch gewählt, und wenn es halt nicht passt, dann war der Anruf eben ein Missverständnis. Gewisse Leute nutzen den Notruf aber auch gern, weil er kostenfrei ist. Warum sich auch die Mühe machen und die Auskunft anrufen, wenn es doch viel einfacher – und billiger – über die Notrufnummer geht?

Rüdiger

»Polizeinotruf.«
Auf meinem Display werden sowohl Name des
Anschlusses als auch die Adresse dargestellt:
W. K. aus H-Stadt, L-Straße X.
Eine leise Stimme, die in mir das Bild eines kleinen
Mannes in mittlerem Alter, mit wuscheligen,
schütteren Haaren, Brille und scheelem Blick
heraufbeschwört: »Ja, hallo. In H-Stadt,
L-Straße X versucht ein junger Mann sich umzu-
bringen.«
Konzentriert: »Verstanden. Können Sie mir bitte
noch mehr zum Sachverhalt erzählen?«
Unsicher: »Hm ... Ja also, ich habe durchs Fenster
reingeschaut ... Ach, das kann auch ein Missver-
ständnis sein. Vergessen Sie es.«
Klick.

Hat der sie noch alle? Selbstmordversuch – ein
Missverständnis?
Ich rufe ihn zurück. Es klingelt fünfmal.
Dieselbe unsichere Stimme: »Hallo?«
Streng: »Leitstelle der Polizei, Steel. Herr K., Sie
haben mich gerade angerufen und aufgelegt, bevor
wir fertig waren.«
Überrascht. »Waaas? Nein, nein. Ich habe nicht
angerufen.«
»Doch, Herr K. Sie haben mich gerade angerufen.«

Beharrlich. »Nein, nein. Sie irren sich. Ist wohl ein Missverständnis.«

Immer noch sauer: »Sie sind sich aber schon darüber im Klaren, dass Sie eine Straftat begangen haben, nicht wahr?!«

»Das muss ein Missverständnis sein. Wieso Straftat?«

»Weil Sie den Notruf gewählt haben und mir fälschlicherweise etwas von einem Suizid erzählen!«

»Ich habe aber doch gar nicht …«

Unterbrechend: »Doch, Herr K. Und es wäre besser, wenn Sie mir jetzt ganz schnell erklären würden, was der Blödsinn soll!«

»Nun, ich … ach, das war sicher … Rüdiger? Rüdiger! Was hast du da nur angestellt? Hast du die Polizei angerufen? … Entschuldigen Sie, da lag ein Missverständnis vor. Es ist alles in Ordnung.«

»Irgendetwas stimmt da nicht. Ich denke, ich schicke mal einen Streifenwagen vorbei!«

Höflich: »Nein, danke. Es lag wirklich bloß ein Missverständnis vor. Wiederhören.«

Klick.

Verrückt? Betrunken? Ärger mit Rüdiger? Gibt es diesen Rüdiger überhaupt? Vielleicht sollte ich Anzeige wegen Missbrauchs erstatten. Sauer genug bin ich inzwischen.

Ich werde mit Kaffee und frischen Muffins abgelenkt. Na, Herr K., haste aber Glück gehabt.

20 Minuten später.

Ein Blick auf das Display: W.K. aus H-Stadt,
L-Straße X.
Seufz. »Polizeinotruf.«
»Sie müssen kommen. Das geht hier so nicht weiter.
Der will sich echt was antun.«
Ärgerlich: »Echt? Oder ist das wieder ein Miss-
verständnis?«
»Ja, alles okay.« Klick.
Hm, Freundchen. Jetzt kriegen Rüdiger und du
Besuch.
Ich schicke einen Streifenwagen hin.

Tatsächlich ist Herr K. völlig allein in seiner Wohnung. Keine Spur von »Rüdiger«. Die Anwesenheit
der Uniformierten macht ihm Angst. Er ist ein wenig
betrunken und wollte nichts Böses tun. Das war
wohl alles bloß ein Missverständnis …

Versuchen kann man's ja mal

»Polizeinotruf.«
Die Stimme eines älteren Herrn: »Hm? Wer?«
»Hier ist der Polizeinotruf.«
Ungläubig: »Nä!«
Schmunzelnd: »Ich fürchte – doch.«

»Ja, äh … ich wollte aber im Krankenhaus anrufen!«
»Ah, dann haben Sie sich wohl ver …«
»… und dann habe ich mir gedacht, komm, rufste mal die Auskunt an. Also wähle ich 11833 – und dann gehen Sie auf einmal ran!«
Na, das ist ja frech von mir. »Dann haben Sie wohl statt der 11 …«
Unterbrechend, forsch, fröhlich: »Na ja, ist ja egal. Dann sagen Sie mir mal schnell die Nummer vom Krankenhaus!«

Parken

»Polizeinotruf.«
Die Stimme einer Frau in den mittleren Jahren.
Energisch, kritisch: »Sagen Sie mal: Ist es eigentlich erlaubt, in H-Stadt auf der P-Straße zu parken?«
Geduldig: »Nun, ich sage mal so: Es ist jedenfalls nicht erlaubt, für so eine Frage den Notruf zu wählen …!«
Hastig: »Dann lege ich jetzt auf.« Klick.
Sauber.

Keinen Kuli

»Polizeinotruf.«

Ein älterer Mann. »Hallo. War die Frau R. auf der Wache?«

»Keine Ahnung. Welche Wache denn überhaupt?«

Vorwurfsvoll: »Na hier, in R-Stadt.«

Bemüht: »Dann rufen Sie doch am besten mal die Wache in R-Stadt an!«

Pfiffig: »Aha. Dann sagen Sie mir mal die Nummer!«

Seufz. »Das ist eine Notrufleitung. Seien Sie bitte so nett und schauen in Ihr örtliches Telefonbuch!«

Bestürzt: »Oh, nein ... So was habe ich doch gar nicht.«

Das ist ein alter Mann. Verweis ihn nicht an die Auskunft. Hab Geduld. »Also: Die Nummer ist 331-2514.«

Langsam: »3 ... 3 ... 1 ...?«

»Richtig, und dann 2514.«

Ungeduldig: »Also, das kann ich mir nicht merken. Das geht so nicht.«

Immer noch bemüht: »Na, dann schreiben Sie es doch schnell auf.«

»Geht nicht. Ich habe keinen Kuli. Ach, lassen wir das einfach. Tschüss.«

Klick.

Unterhaltung gesucht

»Polizeinotruf.«
Die Stimme eines jungen Mannes, langsam, zögernd:
»Oh ... Entschuldigung. Ich habe mich wohl ver-
wählt ...«
Routiniert und schon im Begriff aufzulegen: »Alles
klar, kann passieren, tschüss.«
Zögernd. »Ähm ... also ...«
Nanu, was jetzt? »Ja, bitte?«
Unentschlossen: »Also ... ja ... ähm, wo bin ich da
jetzt gelandet?«
Geduldig: »Hier ist der Polizeinotruf.«
Immer noch bedächtig: »Ach so ... hm ... ja. Also die
Polizei, ja!?«
Belustigt: »Ja, jetzt haben Sie es.«
Noch nicht zufrieden: »Hm ... also ... ist das denn
jetzt schlimm, dass ich mich verwählt habe?«
Seufz. »Nein, das macht nichts. Aber wenn Sie sich
jetzt noch fünfmal verwählen, dann bin ich sauer.«

Sorry an Leitstelle Duisburg

»Polizeinotruf.«
Eine Frau mit hartem Akzent und rollendem »r«:
»Ja, bitte verbinden Sie mich mit Duisburg!«
»Mit wem in Duisburg denn?«

Unwirsch: »Mit der Polizei natürlich.«

Die Stimme kommt mir bekannt vor. »Und was
möchten Sie von der Polizei in Duisburg?«

»Ich möchte Vermisstenanzeige erstatten.«

Lautes Stimmengewirr im Hintergrund. Diese
Stimme kenne ich doch irgendwoher ... »Wo sind Sie
jetzt? Das ist so laut im Hintergrund.«

»Ja, ich bin in eine Pizzeria gegangen, weil ich kein
Guthaben mehr habe.«

Hä? »Also, Sie haben die 110 angerufen, das kostet
nichts. Außerdem sehe ich, dass Sie über ein Handy
anrufen, nicht von einer Pizzeria aus.«

»Ja, ja. Genau. Ich habe kein Guthaben mehr.
Deswegen bin ich hier reingegangen.«

Wie bitte? – Ach, egal. »Okay, Sie sind in einer
Pizzeria in Duisburg, ja!?«

»Nein, nein. Ich bin in H-Stadt.«

Au, das wird nicht einfach. »So, so. Noch mal der
Reihe nach. Sie sind in H-Stadt und wollen jemanden
vermisst melden. Wen vermissen Sie denn?«

Zufrieden: »Meinen Sohn.«

»Wie alt ist denn Ihr Sohn?«

»Dreiundzwanzig.«

»Nun, dann ist er ja volljährig. Warum meinen Sie,
dass wir ihn suchen sollen?«

»Na, weil ich nicht weiß, wo er jetzt ist.«

Ah, klar. Dumme Frage von mir. »Wann haben Sie
ihn denn das letzte Mal gesehen?«

»Heute Morgen.«

»Hm, also bis jetzt ist das noch keine Sache für die Polizei!«

Sauer: »Ja, das haben die Polizisten in Neuss auch gesagt. Deshalb will ich jetzt die Polizei in Duisburg mit der Suche beauftragen!«

Kling, kling. Jetzt weiß ich, woher ich die Stimme kenne.

Es gibt viele Leute, die noch nie bei der Polizei angerufen haben. Es gibt aber auch Leute, die beschäftigen scheinbar die Polizei in ganz Deutschland und telefonieren sich lustig durch das Land. Und manche von ihnen sind geradezu anhänglich und landen immer wieder bei mir.

»Sie haben mich vor ein paar Wochen schon mal angerufen, nicht wahr!? Da wollten Sie Ihre Nachbarn anzeigen, weil die einen nassen Regenschirm in den Flur gelegt hatten und Sie meinten, der würde sicher bald schimmeln, was über kurz oder lang zu einer gesundheitlichen Beeinträchtigung Ihrerseits führen würde.«

Unsicher: »Ähm ... ja, aber darum geht es ja jetzt nicht.«

»Stimmt. Aber wir werden Ihren Sohn nicht suchen, und ich verbinde Sie auch nicht nach Duisburg.«

»Dann werde ich jemand anders beauftragen.«

»Jau, viel Glück.«

Fünf Minuten später klingelt der Notruf, und ein Kollege nimmt ab.

»Eine Vermisstenanzeige? In Duisburg? Ja, klar, ich verbinde ... Hallo? Leitstelle Duisburg? Ja, ich verbinde euch mal mit einer Dame, die vermisst wohl ihren Sohn. Tschüss!«

Rückruf

»Polizeinotruf.«
Eine weibliche Stimme: »Ja, guten Tag. Sie hatten mich angerufen!?«
»*Ich* habe Sie angerufen? Nein, wie kommen Sie darauf?«
Zufriedener Tonfall: »Nun, Ihre Nummer wurde auf meinem Display angezeigt.«
»Auf Ihrem Display steht 110?«
Verwirrt: »Äh ... nein!?«
»Das ist aber meine Nummer.«
»Ups ... äh ... ah ...«

Das starke Polizeitelefon

»Polizeinotruf.«
Eine etwas zittrige Altmännerstimme: »Guten Tag. In unserem Stadtteil ist Stromausfall.«
»Oh, das tut mir leid.«

Tiefes Einatmen: »Ja, ich habe schon bei der Strom-
versorgung angerufen. Die haben da so eine Störfall-
nummer.«
»Ja, wunderbar. Dann geht ja alles seinen Gang.«
Knurrend: »Ein Mistverein ist das. Immer besetzt,
oder es geht keiner dran.«
»Ja, da rufen jetzt sicher so einige an.«
Kreativ: »Sie sagen mir jetzt bitte Ihren Namen, und
dann können Sie ja da mal anrufen.«
Verblüfft: »Aber ich habe gar keinen Stromausfall.«
Tricksend: »Aber vielleicht haben Sie noch eine
andere Nummer.«
Nicht drauf reingefallen. »Nein, das tut mir leid. Ich
kann nur die gleiche Nummer anrufen wie Sie auch.«
Unerschütterlich: »Ja – aber Sie haben sicher eine
bessere Leitung. Da kommen Sie schneller durch als
ich!«

Die Katzenbande

»Polizeinotruf.«
Die Stimme eines Mannes in mittlerem Alter. »Guten
Tag. Ich habe hier … Also, ich wohne in B.«
»Ja, okay. Und wie kann ich Ihnen helfen?«
Eifrig: »Ja, also da kommen immer so Frauen, die
setzen hier Katzen aus, und dann füttern die die
immer, und jetzt haben wir hier ganz viele Ratten.«

Verwirrt: »Da kommen Frauen und setzen Katzen
aus?«
»Ja, und dann füttern die die auch noch.«
Immer noch verwirrt: »Äh ... na ja, aber die Katzen
sind doch gut gegen Ratten. Die müssten doch dann
bald alle weg sein!?«
Unglücklich: »Nein, eben nicht. Die Ratten werden
alle angelockt durch das Katzenfutter.«
Ratlos: »Tja ...«
Anklagend: »Das ist ja noch nicht alles – die setzen
auch immer wieder Katzen im Wald aus und füttern
die dann.«
»Hm ... was sind das denn für Frauen?«
Unbeirrt: »So, und weil ich immer wieder gesagt
habe, die sollen damit aufhören, haben sie mir
meinen Gartenzaun kaputt gemacht.«
Wenn er so weitermacht, kann ich das nicht am
Telefon lösen, dann muss ich doch einen Streifen-
wagen hinschicken. »Die Frauen haben Ihren Zaun
kaputt gemacht?«
Ärgerlich: »Ja, richtig. Ich weiß ja, das hört sich alles
bekloppt an, aber das ist doch Sachbeschädigung.
Das geht doch so nicht.«
Schmunzelnd. »Ja, das hört sich wirklich alles
seltsam an. Wie oft kommen die denn so?«
»Och, die kommen täglich. Und jetzt ist der Zaun
kaputt!«
Ich höre eine Frauenstimme im Hintergrund.
»Meine Frau sagt gerade – die ist noch hier – wenn

Sie jetzt vorbeikommen, dann können Sie sie noch erwischen.«
Seufz. Sachbeschädigung, Täterin noch vor Ort.
Aus der Nummer kommen wir erst mal nicht raus.
»Alles klar, ich schicke meine Kollegen zu Ihnen…«

PS
Fazit der Kollegen vor Ort: Keine Sachbeschädigung, Streit unter Nachbarn, Anrufer ein wenig verwirrt …

Gefangen

Die energische Stimme eines Mannes, zwischen 40 und 50 Jahren:
»Guten Tag. Ich will eine Anzeige machen. Da ist eben so ein Typ mit dem Lkw gekommen und wollte hier wenden! Das ist aber Privatbesitz. Ich habe jetzt schnell das Tor zugemacht und den mit seinem Lkw eingesperrt. Der kann hier nicht mehr weg. Jetzt will ich den wegen Hausfriedensbruchs anzeigen.«

Drei Minuten später ruft ein Mann mit polnischem Akzent an, und ich bekomme unvermittelt die andere Seite der Medaille mit:
»Gutte Tag. Auf Autobahn große Unfall. Muss run-

terfahren. Kenne Weg nicht, falsch gefahren. Müsse wenden, da kommt Mann, macht Tor zu. Nicht mehr fahre könne. Du mir helfe? Was tun?«

Drei Worte ...

...waren es, die im folgenden Dialog einen vor Wut schäumenden Herren schlagartig besänftigen konnten ...

Gegen 10:00 Uhr morgens

»Polizeinotruf.«
Eine Männerstimme mittleren Alters, sehr wütend und aufgebracht: »Guten Tag. So geht das nicht weiter. Ich will, dass Sie hier sofort tätig werden. Ich bin ja normalerweise niemand, der sofort die Polizei anruft, aber das geht hier nun mal nicht. Das ist eine Unverschämtheit ...«
Ganz ruhig: »Was ist denn los, wie kann ich Ihnen helfen?«
»Das ist ein Lärm hier, das ist so was von frech. Die arbeiten schon seit Stunden hier auf der Baustelle, als sei es das Normalste auf der Welt. Mit Presslufthämmern und was-weiß-ich-nicht-allem. Es ist Sonntag, da haben auch die schließlich Ruhe zu wahren und ...«

Sanft unterbrechend: »Entschuldigung, aber ...«
Immer noch sauer: »...und überhaupt. Wenigstens
am Sonntag will man doch mal seine Ruhe haben
und sich ein wenig ausruhen, und dann sind die
dermaßen rücksichtslos und ...«
»Hallo?«
Erschöpft: »Ja, was denn?«
»Es ist Montag.«
Geschockt: »Heute ist ...?«
Bestätigend: »Montag, richtig.«
Verlegen: »Oh, äh ... ja, dann ...«

Mein Name ist Notruf

Manchmal frage ich mich nach all den Dienstjahren wirklich, wozu ich mich überhaupt noch mit »Polizeinotruf« melde. Die Leute hören irgendwie doch nie zu. Oder vielleicht denken sie ja, »Notruf« sei ein Bestandteil meines Namens? In vielen Fällen könnte ich mich einfach mit »Steel«, »Bundeskanzleramt« oder »Hallöchen« melden, das würde keiner bemerken.

Ich melde mich mit »Polizeinotruf«, und die Leute glauben, ich sei Hanna und wollen Rüdiger sprechen. Oder sie erzählen mir, dass ihre 90-jährige Mutter schreckliche Verstopfungen hat und ich mich um ein Klistier kümmern soll. Da hilft auch der Hinweis auf die Rechtslage nicht. Besonders Hartnäckige versuchen es sogar wieder in der Hoffnung, an einen – verständigeren – Kollegen zu geraten.

Vermisst

»Polizeinotruf.«

Die Stimme einer jungen Frau. »Ich möchte meine Schwester als vermisst melden. Die hat geweint, und ich weiß nicht, wo die jetzt ist. Können Sie die suchen? Orten Sie doch mal schnell ihr Handy!«

»Da brauche ich schon ein paar mehr Informationen: Ist Ihre Schwester erwachsen, warum hat sie geweint, und welche Gefahren befürchten Sie?«

»Ja, also die hatte Streit mit ihrem Mann. Und dann hat sie geweint und ist aus der Wohnung gelaufen. Und jetzt will ich sie anrufen, aber die geht nicht an ihr Handy. Und wo die ist, weiß ich nicht. Und ihr Mann, der hat auch keine Ahnung.«

Nicht überzeugt: »Also, dass man im Streit schon mal anfängt zu weinen, ist ja nicht ungewöhnlich. Und dass man anschließend erst mal allein sein will, ist ja auch verständlich. Ich sehe immer noch nicht die Notlage.«

Ungeduldiger: »Ja, aber ich weiß nicht, wo die jetzt ist, und die geht nicht an ihr Handy.«

»Ich denke, wenn Ihre Schwester Ihre Hilfe benötigt, wird sie schon an ihr Telefon gehen oder Sie anrufen.«

»Nee … auf mich ist die, glaube ich, auch sauer.«

Ebenfalls ungeduldiger: »Passen Sie auf, ich sage das jetzt mal ganz klar: Wenn zu befürchten ist, dass Ihrer Schwester Gefahren für Leib oder Leben drohen – dann orten wir sie und suchen natürlich nach ihr. Wir machen das aber ganz gewiss nicht, wenn Sie Familienstreit haben und jetzt einfach mal schnell über uns herausfinden wollen, wo Ihre Schwester sich aufhält. Verstehen Sie das?«

»Ja, das verstehe ich.«

»Okay, bestehen nun irgendwelche Hinweise, dass Ihre Schwester sich etwas antun könnte oder dass sie in eine hilflose Lage gerät?«

Unzufrieden: »Nee … Aber ich weiß halt nicht, wo sie ist!«

»Okay. Das hatten wir schon. Wenn Ihre Schwester sich beruhigt hat, wird sie sich melden. Wir können erst mal nichts für Sie tun.«

Vielleicht hätte ich das mit der Gefahr für Leib und Leben besser nicht so genau erklären sollen. Aufgrund der hohen Anzahl von Notrufen merkte ich erst viel später, womit mein Kollege am Nebentisch beschäftigt ist…

»Steel, kannst du dich mal mit um den Vermissten-Einsatz in H-Stadt kümmern!? Da ist eine Frau im Streit aus der Wohnung gelaufen, und die Familie weiß nicht, wo sie jetzt steckt. Ihre Schwester hat mich angerufen und erzählt, dass die Vermisste dazu neigt, so komische Anfälle zu bekommen, wenn sie sich aufregt. Eine Ortung habe ich veranlasst, die Kräfte sind schon unterwegs.«

Hm, ja. Na, sicher. Grummel.

Einige Zeit später meldet sich einer der eingesetzten Kollegen: »Wir haben die Frau gefunden. Der geht es so weit gut, die wollte nach einem Streit nur mal ein wenig für sich sein. Die meldet sich wieder bei ihrer Familie, wenn sie weniger sauer ist.«
Ach, sehr überraschend, nicht wahr?

Telefonauskunft

»Polizeinotruf.«
Eine alte Frau, laute Stimme, wahrscheinlich schwerhörig: »Ja, hallo? Wer ist da bitte?«
»Der Polizeinotruf.«
»Ja, prima. Ich möchte gerne eine Telefonnummer wissen ...«
Das gibt es doch nicht. Ich habe zweimal »Notruf« gesagt!
»... Sind Sie bitte so nett und sagen mir mal die Nummer der Telefonauskunft?«
Okay. Der Punkt geht an die alte Dame. »Da müssen Sie die 11833 wählen.«
»Danke vielmals, junger Mann.«

Handy-Check

»Polizeinotruf.«
Eine fröhliche weibliche Stimme: »Guten Abend. Ich habe keinen Notfall. Mir ist nur gerade mein Handy in die Badewanne gefallen, und ich wollte bloß mal sehen, ob es noch funktioniert.«
Gedacht: *Guten Abend. Ich habe keine schlechte Laune. Mir ist nur gerade das Strafgesetzbuch eingefallen, und ich würde gerne mal sehen, ob Sie auch so fröhlich klingen, wenn ich Ihnen eine Strafanzeige verpasse.*
Gesagt: »Ja, es geht noch. Und jetzt legen Sie bitte ganz schnell auf. Herzlichen Dank.«

Notfall Straße

»Polizeinotruf.«
Die Stimme eines jungen Mannes: »Hallo. Ich brauche dringend Ihre Hilfe ... (Handyaussetzer) ... Humboldstraße?«
»Die Verbindung war gerade unterbrochen. Sie haben einen Notfall und befinden sich auf der Humboldstraße?«
»Ein Notfall, ja! Ich suche die Humboldstraße, aber sie ist auf meinem Stadtplan nicht drauf!«

Schlimme Schuhe

»Polizeinotruf.«

Eine Dame mittleren Alters, leicht angeschickert, Reibeisenstimme: »Juten Tach. Ich bin hier inner Pommes-Bude, und hier gibbet Stress.«

»Ach, was haben Sie denn für Stress?«

»Ja, hier sitzt so ein Jüngling. Piiiieekfein angezogen, sehr gepflegt. Aber der hat stinkende Turnschuhe an!«

»Äh ... ja?«

Energisch, anklagend: »Ja, mir ist kotzübel davon.«

Amüsiert, mitleidlos: »Ja, und nun?«

Sauer: »Also, mir is' kotzübel. Aber Sie, Herr Polizeimeister, Sie wissen ja immer ganz toll Bescheid, ne? *Sie* wissen ja immer alles. Ach, was soll's. Tach auch!«

Klick.

Äh, ja. Gern geschehen.

Ortung

Auszug aus dem Gespräch, das ein Kollege angenommen hat:

Die nuschelnde Stimme eines betrunkenen jungen Mannes: »Hallo, Herr Wwwachtmeister. Isch habe eben mein Hhhandy in der Disco XY verloren. Könnense das nich mal für mich orten?«

Haustüren

»Polizeinotruf.«
Eine männliche Stimme: »Guten Tag. Ich habe da
mal eine Frage.«
Das ist super. Behalt sie für dich. »Ich hoffe, es geht
um einen Notfall?«
»Ja, also nicht direkt, aber Folgendes: Die Haustür
steht hier in unserem Haus immer offen. Ist denn so
was gesetzlich erlaubt?«

Urlaub

»Polizeinotruf.«
»Ja, hallo, schönen guten Tag. Meine Eltern fliegen
demnächst in den Urlaub. Da hat sich ja in der
letzten Zeit so einiges getan, deswegen wollte ich
mal nachfragen, wie das jetzt genau ist: Was darf
jetzt eigentlich beim Fliegen mit ins Handgepäck?«

Nicht zuständig

»Polizeinotruf.«
Eine weibliche Stimme: »Guten Tag. Ich möchte Sie
bitten, dass Sie hier mal vorbeikommen.«

»Ja, worum geht es denn, was ist passiert?«
»Jemand hat gegen meine Haustür gespuckt!«
»Hm, eklig.«
»Ja, das ist wirklich ekelhaft. Deshalb möchte ich, dass Sie Ihre Kollegen vorbeischicken. Sichern Sie eine Speichelprobe, damit Sie eine DNA-Untersuchung veranlassen können und anhand Ihrer Datenbanken den Täter identifizieren.«
»Ähm ... wie gesagt – Spucken ist ekelhaft, und ich verstehe Ihre Empörung. Aber die Haustür anzuspucken, ist keine Straftat und schon gar kein Kapitaldelikt. Wir sichern da keine Speichelprobe.«
Überrascht: »Ach so, Sie sind da gar nicht zuständig!? Welche Behörde muss ich denn da anrufen?«
Gedacht: Das Amt zur Bekämpfung von notorischen Spuckern im Sinne der Massenkriminalität vielleicht.

Ich bringe auch ins Bett

Dienstag, 13:00 Uhr

»Polizeinotruf.«
Eine nuschelnde Männerstimme: »Hallo ... Können Schie mir helfen?«
»Ich kann es versuchen. Worum geht es denn?«
»Sch ... kann meinen Arzt nicht erreichen.«
»Aber Sie brauchen einen!?«

»Hmmm ... schab gestern zu viel getrunken.«
»Ach, ich denke, dann reicht es aus, wenn Sie sich
mal ordentlich ausschlafen, hm!?«
»Wirklich?«
»Ganz bestimmt.«
»Hmm ... Können Schie mir dabei helfen?«
»Das kriegen Sie ganz alleine hin: ins Bett legen,
Bettdecke drüber, und gut ist.«
»Okay. Schie haben ... haben mir sehr geholfen.«
»Gute Nacht.«

Eine Frage ...

»Polizeinotruf.«
Die ruhige Stimme einer Frau mittleren Alters:
»Guten Tag. Hören Sie, ich habe da mal eine Frage:
Meine Tochter fährt bald in den Urlaub. Soll ich in
ihrer Wohnung die Jalousien ganz runter machen
oder ein Stückchen auflassen?«
»...«

Sinnloses Gespräch

»Polizeinotruf.«

Die Stimme eines jungen Mannes; Tonfall und Wortwahl verführen dazu, einen zweistelligen IQ zu unterstellen: »Ssss was los?«

Ich weiß, was er will, aber ich habe keine Lust. Außerdem werde ich niemanden belohnen, der aus bloßer Neugier rechtswidrig den Notruf wählt. »Nö.«

Aufklärend: »Aba hier sin Feuerwehr un Polizei un 'n Hubschrauber un so.«

»Ach.«

Geduldig: »Ja, ey, wassn los?«

Einsilbig: »Nichts. Und bei Ihnen?«

Verdattert: »Hä? Ja, wie jetzt?«

»Wassn bei Ihnen los?«

Er denkt, ich hätte ihn nicht verstanden. »Nee, nee. Ich mein die Polizei un die Feuerwehr un so. Was machn die so?«

»Arbeiten. Und Sie?«

Aus der Fassung: »Hä? Ja, wie jetzt, ich?«

»Ja, was machen Sie?«

Ich hab ihn, er hat keine Lust mehr. »Ja, äh, hm, also ich leg jetzt auf.«

PS

Ich denke mal, Sie wollen vielleicht auch gern wissen, wassn los war. Jemand war in den Rhein gefallen, und wir haben ihn gesucht.

Metaphern und Vergleiche

»Polizeinotruf.«

Die aufgeregte Stimme eines älteren Herrn: »Ja, ja, kommen Sie mal schnell. Meine Frau, die greift mich hier an.«

»Ihre Frau greift Sie an. Sind Sie verletzt, benötigen Sie einen Krankenwagen?«

Abwehrend: »Nee, nee. Aber Sie müssen mal kommen, Sie müssen sich das hier mal ansehen. Die hüpft hier rum wie ... wie ... wie ein aufgebrachter Dildo!«

Schmunzelnd: »Wie ein Dildo, ah ja ...« Ich mag Metaphern und Vergleiche. ›Er zog die Waffe so schnell wie ein Blitzschlag im Sommer.‹ Oder: ›Kühl wie ein Gebirgsbach im Winter.‹ Das sind rhetorische Mittel, mit denen ich etwas anfangen kann, unter denen ich mir auch etwas vorstellen kann. Aber herumhüpfen wie ein Dildo, dazu ein aufgebrachter?

Aufgeregt: »Ja, wirklich, das müssen Sie mal sehen!«

»Ja, das würde ich wirklich gern ...«

Wie bitte???

»Polizeinotruf.«

Die Stimme einer älteren Dame: »Guten Tag. Geben Sie mir bitte die Nummer vom Bürgermeister!«

Seufz. »Das ist der Polizeinotruf. Wenn Sie eine Auskunft brauchen, dann rufen Sie bitte die Telefonauskunft an.«

Ungläubig: »Wie bitte???«

»Hier ist die Polizei. Wenn Sie eine Telefonnummer brauchen, dann müssen Sie die Auskunft anrufen.«

Genervt: »Wie umständlich denn noch? Das kann ja wohl nicht sein. Jetzt habe ich Sie schon mal dran, jetzt sagen Sie mir auch die Nummer!«

Ganz schön dreist, die Gute. »Nee, das mach ich nicht. Ich kümmere mich hier um Notfälle, verstehen Sie das?«

Nicht zu bremsen, die Frau: »Ja. Und ich habe einen Notfall. Ich komme gerade aus der Badewanne, und meine Putzhilfe braucht einen neuen Pass.«

Kurz: »Das ist kein Notfall.«

Unbelehrbar: »*Das* sehe ich aber ganz anders!«

Ich habe keine Lust mehr. »Das tut mir leid. Aber ich diskutiere jetzt nicht mit Ihnen, weil Sie meine Leitung blockieren. Ich lege jetzt auf.«

Klick.

Der Gärtner

»Polizeinotruf.«

Die Stimme einer alten Dame: »Ist da die Polizei?«

»Ja, richtig. Sogar der Notruf der Polizei.«

»Ja, äh, ich bin König.«

Nanu? »Wie bitte?«

Ein wenig atemlos: »Äh, ja, ich meine, hier ist Frau König.«

Jetzt haben wir es. »Hallo, Frau König. Was kann ich für Sie tun?«

Aufgeregt: »Ja, also, mein Gärtner heißt Abdullah. Der wollte nach Hamburg fahren und da Urlaub machen. Heute sollte der eigentlich wieder da sein. Aber – der ist nicht gekommen.«

Mitdenkend: »Ah, und jetzt machen Sie sich Sorgen um den Abdullah?«

Energisch: »Nein, hören Sie mal: Mein Rasen muss dringend gemäht werden. Was mache ich denn jetzt?«

Oh, da habe ich die Dame wohl falsch eingeschätzt. »Na, vielleicht kommt der Abdullah ja morgen. Vielleicht gab es ein Missverständnis, was seinen Rückkehrtermin angeht.«

Hartnäckig: »Ja, aber was ist, wenn der jetzt nicht kommt? Der Rasen muss doch gemäht werden.«

»Also, so tragisch ist das mit dem Rasen ja nun nicht. Wenn der noch ein paar Tage wächst, ist das doch kein Unglück. Entweder, Sie warten noch ein bisschen, bis Ihr Gärtner wieder da ist, oder Sie lassen es vorher durch jemand anderes erledigen.«

Kein Pardon: »Was ist denn, wenn er gar nicht mehr kommt?«

Geduldig: »Dann besorgen Sie sich einen neuen Gärtner.«

Unerbittlich: »Und wo bekomme ich den her?«

Werde ich hier vernommen? Gegenfrage: »Wo haben Sie denn den Abdullah herbekommen?«

Überfragt: »Oh, den habe ich schon so viele Jahre. Das weiß ich gar nicht mehr.«

Schnell die Kurve nehmen! »Na, sehen Sie. Wenn der so lange zuverlässig für Sie gearbeitet hat, dann lässt der Sie auch jetzt nicht im Stich. Der kommt sicher in den nächsten Tagen.«

Zweifelnd. »Meinen Sie?«

Gib ihr Sicherheit, Steel! »Ja, ganz bestimmt.«

Entschlossen: »Nun gut, dann warte ich noch. Aber, wenn er nicht kommt – dann *rufe ich Sie wieder an!*«

Mist, ich bin einfach zu gutmütig.

Ein dickes Schloss

»Polizeinotruf.«

Eine weibliche Stimme: »So, jetzt brauche ich mal ganz schnell ein dickes Schloss!«

Mein Kollege, der den Anruf entgegengenommen

hat: »Hm. Aha. Dann kaufen Sie doch eines, vielleicht … im Baumarkt?«
Nachdenklich. »Kaufen. Baumarkt. Hm… Ist das denn teuer? Nee, das geht nicht. Ich habe kein Geld für so etwas. Gibt es das nicht von Ihnen?«
»Leider nein, aber vielleicht kann ein Nachbar oder der Hausmeister aushelfen!?«
Ein, zwei Augenblicke vergehen, dann kommt die Idee: »Ah, Moment mal. Es kann sein, dass ich selbst eines habe. Ich schau mal nach …«

Noch mal sichergehen

»Polizeinotruf.«
Die Stimme einer jungen Frau: »Wer ist da?«
Geduldig: »Der Polizei-not-ruf.«
Noch nicht überzeugt: »Aha. Und welche Nummer haben Sie?«
Na, die, die du gerade gewählt hast. »Die 110.«
Langsam dämmert's. »Aha. Also, wenn ich mal einen Notfall habe, dann rufe ich die 110, ja!?«
Ruhig. »Ganz genau. So wird's gemacht.«
Zufrieden: »Okay, alles klar. Auf Wiedersehen!«

Schwimmunterricht

»Polizeinotruf.«
Eine weibliche Stimme. Den Anfang habe ich nicht
verstanden, weil ich nicht darauf gefasst war, dass
mich jemand auf Englisch anspricht. » … So I wanna
ask, if there are also swimming classes in winter.«

Immer wieder verwählen sich Leute und wollen
Pizza bei mir bestellen oder sind total verdattert,
dass ich ihren Onkel Heinrich jetzt nicht ans Telefon
holen kann. Auch in diesem Fall habe ich den Irrtum
aufgeklärt, mich dann aber doch noch länger gewun-
dert. Wo, zum Teufel, ruft man mitten in der Woche
um 00:08 Uhr an, um nach Schwimmkursen im Winter zu fragen?

Alle seltsam

»Polizeinotruf.«
Die Stimme eines älteren Herrn: »Ja, hehe, also, hm,
das ist jetzt eigentlich kein Notruf – aber trotzdem.
Also, gestern Nacht, da waren so Jugendliche vor
dem Haus, die haben einen unheimlichen Krach
gemacht. Meine Frau und ich haben die wegge-
scheucht. Aber die haben dann bei uns so ein
Kinderfahrrad liegen lassen. Später sind die zurück-

gekommen und haben wieder so einen Lärm gemacht. Wir haben sie dann noch mal verscheucht, und dann lag auf einmal ein zweites Fahrrad da. Ich habe die auf unser Grundstück geholt, aber was soll ich denn jetzt machen?«

»Sie machen das ja schon ganz richtig, indem Sie mich anrufen. Also, Sie haben jetzt zwei fremde Kinderfahrräder bei sich …«

Schnell: »Die gehören denen bestimmt nicht. Die waren alle schon so um die sechzehn, siebzehn. Und die Fahrräder sind ganz klein, für Kleinkinder, würde ich sagen.«

Bizarr. Wieso lassen die Jungs kleine Räder da?

»Okay, dann sagen Sie mir bitte mal, wo Sie wohnen!«

Brav diktiert der Herr mir seine Adresse.

»Gut, dann schicke ich jetzt meine Kollegen zu Ihnen und …«

Erstaunt unterbrechend: »Nee, hören Sie mal. Ich bin jetzt nicht mehr zu Hause. Wir sind jetzt erst mal ein paar Stunden unterwegs! Können Sie nicht ein andermal kommen?«

»…«

Gedächtnis

Auszug aus dem Gespräch eines Kollegen:
»Wo wohnen Sie denn?«
Grübelnd. »Moment, ich schaue mal eben auf
meinen Personalausweis ...«

Bedrohung

§ 241 StGB – Bedrohung

(1) Wer einen Menschen mit der Begehung eines
gegen ihn oder eine ihm nahestehende Person
gerichteten Verbrechens bedroht, wird mit Freiheitsstrafe bis zu einem Jahr oder mit Geldstrafe bestraft.

Notruf bei einem Kollegen:
»... bin ich Taxifahrer. Sie müssen sofort kommen,
ich wurde hier bedroht!«
Die Gedanken des Kollegen spulen die üblichen
Szenarien ab. Taxifahrer, bedroht mit Messer oder
gar Schusswaffe, wahrscheinlich beraubt. »Wer hat
Sie bedroht?«
Immer noch aufgeregt: »Na, mein Fahrgast. Der ist
jetzt aber weg. Kommen Sie schnell.«
»Wie wurden Sie denn bedroht?«

Hektisch: »Ja, ja. Hat der mich beleidigt und bedroht.«

»Okay, ganz ruhig. Was hat der Mann genau getan?«

»Ja, er hat gesagt, er will sich über mich beschweren.«

Ups. »Äh … Ist das die Drohung gewesen?«

Eifrig: »Ja, genau. Er war mit der Fahrstrecke nicht einverstanden. Hat erst gezahlt und dann gedroht, dass er sich beschweren will. Und beleidigt hat er mich auch!«

Seufz. »Also, beschweren darf er sich, das ist sein gutes Recht. Wie hat er Sie denn beleidigt?«

Entrüstet: »Ja, er will sich beschweren, hat er gesagt, und dann: ICH WILL IHREN NAMEN HABEN!«

»…«

»Polizeinotruf.« Diesmal bin ich es, der den Anruf entgegennimmt.

Eine junge Frau, ein wenig außer Atem: »Guten Abend. Ich brauche mal Ihre Hilfe. Bei uns ist ein Mann im Treppenhaus, und der geht nicht mehr freiwillig weg.«

»Okay. Das ist ein Mehrfamilienhaus, ja?«

»Ja, genau. Der Mann wohnt aber gar nicht in dem Haus. Der ist, glaube ich, auch drogenabhängig. Können Sie bitte kommen?«

»Sie sind jetzt in Ihrer Wohnung, ja?!«

»Nee, ich bin schnell mit dem Hund rausgegangen, weil ich das nicht mehr ausgehalten habe. Aber meine Lebensgefährtin, die ist noch in der Wohnung. Also, wir haben echt Angst. So, ich bin jetzt wieder zurück. Ich gebe Ihnen mal meine Lebensgefährtin ...«

Eine andere weibliche Stimme: »Hallo?!«

»Ja, hallo. Der Polizeinotruf ist hier.«

Erleichtert: »Ja, hallo. Also hier war ein Mann, der wollte nicht gehen, und bedroht hat er mich auch noch.«

»Ah, der ist jetzt also weg, ja?!«

»Ja, der ist weg.«

»Was wollte der denn?«

Ein wenig drucksend: »Ja, er meinte, ich solle ihm seine Katze wiedergeben. Aber ich habe hier vier Katzen und ...« Es folgen diverse Ausführungen über die Tierhaltung im Allgemeinen und Katzen und Hunde im Besonderen.

»Gut, gut. Okay. Also, halten wir mal fest. 1. Der Mann ist jetzt weg, und Sie sind nicht mehr in Gefahr. Angetan hat er Ihnen auch nichts. 2. Er hat Sie bedroht. Ist das so weit korrekt?«

»Ja, genau.«

»Okay, womit hat er genau gedroht?«

»Er hat mir gedroht und gesagt, wenn ich so weitermache, DANN RUFT ER DIE POLIZEI!«

Detektivarbeit

Notruf bei einem Kollegen:
»Hier hat einer einen Schneeball gegen mein Haus geworfen. Ich habe aber seine Spuren im Schnee bis zu einem Haus verfolgt. Jetzt müssen Sie nur noch ermitteln, wer zuletzt in das Haus gegangen ist, und dann haben wir den Täter.«

Selbstjustiz I

Etwa 22:30 Uhr

»Polizeinotruf.«
Die Stimme einer älteren Frau, ohne Pause: »Ja, Ninifuss noch mal. Also, es ist wieder so weit, der macht schon wieder so einen Krach mit seiner X-Box, dass an Schlaf nicht zu denken ist. Ihre Kollegen waren in der letzten Zeit schon öfter da, aber das bringt ja nichts. Wissen Sie, der lässt immer die Zimmertür offen, und dann sieht er, wenn der Aufzug hochkommt. Und dann ist er schnell leise. Ich werde hier noch verrückt, die ganze Nacht dieses Bumm, Bumm, Bumm. Weiß ich gar nicht, was das für ein Spiel sein soll. Na, aber jetzt reicht es mir. Ich mache meinen Fernseher ganz laut, und dann kriege ich meinen Putzfimmel. Ich werde jetzt Staub sau-

gen, die Waschmaschine anmachen und so weiter.
Wollen wir doch mal sehen. Wissen Sie, ich bin
68 Jahre – ich muss morgen früh nicht zur Arbeit,
hehehe ...«

Steel ratlos

»Polizeinotruf.«
Die Stimme einer Frau in mittleren Jahren, besorgt,
mitfühlend: »Guten Tag. Hören Sie mal, auf meinem
Balkongeländer, da sitzt eine ganz dicke Taube. Die
fliegt nicht weg. Vielleicht hat die was!?«
Bedauernd: »Hm, da kann ich Ihnen leider nicht
richtig helfen. Für solche Sachen ist das Ordnungsamt zuständig; außerhalb der Geschäftszeiten
macht das die Feuerwehr.«
»Ja, das habe ich mir auch gedacht. Ich habe 112
angerufen, und da haben die mir gesagt: ›Nehmen
Sie einfach einen Besen, und schubsen Sie sie runter ...‹«

Der Partylöwe

Aus dem Notruf eines Kollegen:

Die nuschelnde, betrunkene Stimme eines Mannes:
»Meine Partygäste sin alle wech … Un nu haben die
mich eingesperrt und den Schlüssel *hicks* mit-
genommen.«
Der Kollege: »Wer war das denn?«
Weiter lallend: »Ka… ka… keine Ahnung, ich kenne
niemand von denen.«
»Hm, so, so. Wo ist denn Ihr Zweitschlüssel?«
Ungerührt: »Der ist letzte Woche auf dieselbe Weise
weggekommen …«

Immer schön gut gelaunt

Wenn der Arbeitstag lang war und die Nacht ist es auch, und wenn dann der x-te Anruf eingeht, der nichts, aber auch gar nichts mit einer Notsituation zu tun hat, kann es passieren, dass man die gute Laune verliert und ironisch wird. Ironie aber ist ein rhetorisches Mittel, das es mit Vorsicht einzusetzen gilt. Zu schnell wird man Anstifter zu einer Straftat ... Und das heißt dann plötzlich:

§ 26 StGB – Anstiftung

Als Anstifter wird gleich einem Täter bestraft, wer vorsätzlich einen anderen zu dessen vorsätzlich begangener rechtswidriger Tat bestimmt hat.

Manchmal verlangt es allerdings einige Anstrengung, die Ironie in Zaum zu halten, wie im Fall der animalischen Stalkerin, den einer meiner Kollegen entgegennahm.

Hilfe, ich werde verfolgt!

»Polizeinotruf.«
Eine weibliche Stimme: »Ich brauche Hilfe! Seit einer halben Stunde läuft jetzt eine Katze hinter mir her. Ich trau mich nicht nach Hause.«
Kollege, sichtlich um Verständnis bemüht: »Und warum trauen Sie sich nicht nach Hause?«
Prompte Antwort: »Ja, weil ich nicht will, dass sie weiß, wo ich wohne!«

Ruhe!

»Polizeinotruf.«
Die Stimme einer Frau, leicht schleppender Tonfall: »Guten Morgen. Ich hatte Nachtdienst, und ich muss jetzt schlafen. Aber ich habe neue Nachbarn …«
Verständnisvoll – schließlich habe ich ja selbst oft genug Nachtdienst und muss irgendwie tagsüber schlafen: »Was ist das Problem?«
Genervt: »Also, die sind neu eingezogen. Und jetzt arbeiten die da am helllichten Tag in der Wohnung. Das ist doch eine Unverschämtheit! Also, so kann ich nicht schlafen – können Sie da mal bitte hinfahren und denen sagen, die sollen damit aufhören!?«
Tief durchatmen. Und ja keine ironische Bemerkung machen, so wie im nächsten Fall …

Tolle Idee

Samstag, 15:00 Uhr

»Polizeinotruf.«
Eine männliche Stimme, ein wenig atemlos: »Ja,
hallo. Guten Tag. Ich stehe hier in einer Telefonzelle.
Ich habe hier gewartet, aber der Bus kommt nicht!«
»Ja, und weiter?«
Ungeduldig und beschwörend: »DER ... BUS ...
KOMMT ... NICHT!«
Ironisch: »Sie warten auf den Bus, und der kommt
nicht. Ja, da rufen Sie natürlich am besten sofort
den Notruf an!«
Begeistert und erleichtert: »Ach, ja. Das ist eine
Superidee. Das werde ich sofort tun – danke!«
Klick.
»Äh, halt. Sie haben gerade ...«

Ich kann doch auch nichts dafür

»Polizeinotruf.«
Eine weibliche Stimme, ungeduldig: »Bin ich da bei
der Polizei in der XY-Stadt?«
»Nein, das ist der Polizeinotruf für den ganzen
Kreis.«
Barsch, befehlend: »Na, dann verbinden Sie mich!«

Weiter um Freundlichkeit bemüht: »Worum geht es denn?«

Missmutig: »Hach … Sie können mir da sowieso nicht helfen.«

Tief durchatmen. »Worum geht es denn?«

Seufzen. »Hier ist eine verwirrte Person, die muss ins Heim oder so.«

»Dann kann ich Ihnen helfen. Wo genau ist das denn?«

Genervt: »Hier eben, an der Stadthalle in XY!«

»Ja, aber wie heißt denn die Straße dort?«

Mühsam beherrscht: »Hmpf. YZ-Straße, *Stadthalle!*«

Unbeirrt: »Und die Person ist in der Stadthalle?«

Knapp. »Nein, auf dem Parkplatz.«

»Was genau ist denn mit der Person?«

»*Mann*, was weiß ich denn. Ich sitze hier in der Stadthalle am Empfangstresen! Ich soll Sie nur anrufen!«

Ebenfalls lauter: »Ja. Das kann ich doch nicht sehen!«

Klingelton

»Polizeinotruf.«

Eine Frau mittleren Alters, stark nuschelnd: »Ja. Können Se ma kommen. Hier brabbeln nuschel Musik hn hm ds klack druff … Klingelton!!!«

Fragend: »Hm?«
Erklärend: »Ja, Klingelton.«
»Ja, wie – Klingelton?«
Ungeduldig: »Ja, hm, ein Klingelton halt.«
Ehrlich: »Tut mir leid, das verstehe ich nicht.«
Unzufrieden: »Aber wieso denn nicht?«
Wird langsam anstrengend. »Wieso ich das nicht
verstehe?«
»Ja.«
»Weil Sie mir das nicht ordentlich erklären.«
Lacht los: »Ja, hören Sie mal. Haben Sie mich
angerufen oder ich Sie?«
Nüchtern: »Sie haben mich angerufen.«
Einlenkend: »Ach so, dann lassen wir das.«
Klick.
»???«

Höher

»Polizeinotruf.«
»Hä? Ich verstehe ja gar nichts.«
»Po-li-zei-not-ruf.«
»Nein, so geht das nicht. Können Sie bitte eine
Oktave höher sprechen!?«
»…«

Steel – ein Hochstapler?

»Polizeinotruf.
Eine weibliche Stimme, aufgeregt: »Ich hatte eben
schon mal angerufen. Ich habe mit einer Kollegin
gesprochen. Kommt denn jemand?«
»Ja, meine Kollegin hat einen Streifenwagen
geschickt.«
»Hm, hm ... Sagen Sie mal – sind Sie wirklich
Polizist?«
Verdattert: »Ja, klar. Wieso?«
Misstrauisch: »Sie sind aber so komisch.«
»Wieso denn komisch?«
Unwirsch: »Na ja, ich weiß nicht. Sie sind so ruhig.«
»Aber ich habe ja auch gar keinen Grund, aufgeregt
zu sein, nicht wahr?«
»Hm, hm. Ja. Gut, dann tschüss.«

Fünf Minuten später.

»Polizeinotruf.«
Eine weibliche Stimme. »Ja, ich bin es noch mal.«
»Aha. Und wer sind Sie?«
Brüskiert: »Wie bitte? Ich habe doch eben schon mal
angerufen!«
Genervt: »Ja, und Sie und fünfzig andere Leute auch.
Und ich kenne keinen davon.«
Hartnäckig: »Aber ich habe auch mit Ihnen gespro-
chen.«

Ironisch: »Das ist ja ganz wunderbar.«

»Äh ... ja. Ich möchte gern Ihre Kollegin sprechen.«

Kurz: »Die ist jetzt aber nicht im Raum.«

Enttäuscht, ratlos: »Oh.«

»Kann ich Ihnen helfen?«

Drucksend: »Hm ... tja ... also ...Ich wollte eigentlich mal überprüfen, ob Sie wirklich Polizist sind.«

Seufz. »Wenn Sie 110 wählen, haben Sie immer einen Polizisten dran.«

Zweifelnd: »Ja?«

»JA.«

Trotzig: »Sie sind aber *sehr* ruhig.«

Müde: »Ja, ich bin ein sehr ruhiger Polizist.«

Hoffnungsvoll: »Aber Sie sind ein netter – kein böser, oder?«

Beruhigender Tonfall, ganz langsam und bedächtig: »Ganz genau. Ein ganz netter, aber ganz ruhiger. Ist gut jetzt?«

»Ja, ist gut. Danke.«

Fröhlich

Morgens im Frühdienst. Grässlich. Aufstehen, wenn es noch dunkel ist, tut mir nicht gut.

»Polizeinotruf.«

Eine weibliche, recht junge Stimme, flötet, pfeift,

zirpt: »Guten Mooorgen. Hier ist die Antje Meieee-
eer.«

Das kommt nicht nur unglaublich glücklich und
fröhlich herüber, sondern es klingt auch so, als
sollte ich die Dame kennen. Habe ich eine Kollegin
am Draht? »Äh, ja, guten Morgen.«

Unbeschwert und glücklich: »Ja, also mir ist da
etwas totaaaaaal Unangenehmes passiert ...«

Hm. Wer früh auf ist, kann früh fröhlich sein. »Was
denn?«

»Also, ich bin über die Grenze gefahren, und dann
leuchtete die Tankanzeige auf einmal auf. Und dann
bin ich weitergefahren – ja, und dann war Ende.«

Ihr Enthusiasmus, gepaart mit dem Gesagten in
Verbindung mit meiner tageszeitbedingten Schwer-
fälligkeit, lässt mich wenig schlagfertig erscheinen.
»Ende?«

Zufrieden: »Ja, dann ist er ausgegangen.«

»Sie haben jetzt kein Benzin mehr und stehen jetzt
irgendwo!?«

Anerkennend: »Ja, ganz genau. Ich bin über die
Grenze gekommen, und jetzt kann ich nicht mehr
weiterfahren.«

Was will sie bloß von mir? Soll ich sie abholen
kommen, oder was? »Ja, und nun?«

Fröhlich weiter singend, man kann ihr strahlendes
Lächeln förmlich hören: »Ich weiß überhaupt nicht,
was ich jetzt machen soll!«

»Ja, dann rufen Sie mal jemanden aus ihrem

Freundes- oder Bekanntenkreis an, damit man
Ihnen einen Kanister Benzin bringt. Und dann
fahren Sie anschließend erst mal zur nächsten
Tankstelle.«
Glücklich und zufrieden: »Ja, das ist eine gute Idee.
Ich rufe mal jemanden an. Vielen Dank und auf
Wiederhören.«

Hm. Die Lebensweisheit der jungen Frau ist nicht
unbedingt überzeugend, aber auf die Fähigkeit, um
diese Uhrzeit dermaßen sonnig zu sein, bin ich
schon ein wenig neidisch.

Gleich und gleich ...

... gesellt sich gern, behauptet zumindest der Volks-
mund.
   Ich aber sage, es ist der Frühdienst, der mich diese
seltsamen Anrufer geradezu magnetisch anziehen
lässt.

»Polizeinotruf.«
Eine weibliche Stimme, erzürnt: »Haben Sie das
nötig? Haben Sie *das* nötig? Hm? Scheinbar ja!? Na,
super. Schönen Dank auch!«
Klick.
»Äh ...!?«

»Polizeinotruf.«
Eine männliche Stimme, leise, nuschelnd:»Sie
bekommen eine Eins mit Sternchen!«
Müde, immer noch.»Hm? Was bekomme ich?«
Deutlicher:»Eine Eins. Eins A. Super, total gut.«
Ungläubige Freude spielend:»Ehrlich? Ich? Oh,
Mann …«
Bestätigend:»Doch, wirklich. Und vielleicht kriegen
Sie bald sogar noch was Besseres.«
Weiter mitspielend:»Hm, da muss ich mich dann
aber auch noch mehr anstrengen, ne!?«
Treuherzig:»Nein, müssen Sie nicht. Sie machen das
schon sehr gut. Bis bald.«
Klick.

»Polizeinotruf.«
Eine männliche Stimme, langsam, zögernd.»Jaaa …
Ich hatte einen Unfall …«
Konzentriert:»Sind Sie verletzt?«
Langsam:»Neee … Moment mal … Ich verbinde Sie
mal mit meinem Anwalt.«
Hä? Wassn los?»Ja … sicher, dann mal los!«
Piepen und Rauschen.»Hm … neee … hm … nee, so
au nich … Hallo? Schreiben Sie sich mal eine Num-
mer auf, ja!?«
»Nee. Jetzt mal Klartext. Das ist die Notrufleitung.
Haben Sie einen Notfall?«
Quengelig:»Ja! Ich habe einen Notfall … Ich hatte
einen Unfall!«

Weiter streng: »*Wann* war der Unfall?«
Ertappt: »Och, joah ... ich weiß es schon gar nicht
mehr ...«

Kinder, mal ehrlich. So was dürft ihr nicht mit mir
machen, wenn ich viel zu wenig geschlafen habe.

Stromausfall

Abends, draußen ist es bereits dunkel. In ein paar
Straßenzügen einer kleinen Stadt ist der Strom aus-
gefallen. Was macht da der besorgte Bürger? Richtig,
er wählt 110, damit »die Polizei den Strom wieder an-
macht«. Wie könnte es anders sein. Die Notrufleitungen laufen heiß, die Kollegen und ich leiern wie am
Fließband monoton immer wieder das Gleiche herun-
ter: »Ja, das wissen wir bereits. Nein, das ist nicht
tragisch. Ja, wir haben die Stadtwerke informiert.«
   Und dann war da noch dieser Anruf:

»Polizeinotruf.«
Eine weibliche Stimme, zwischen 30 und 40 Jahren
alt: »Ja, hallo. Bei mir ist auf einmal alles dunkel. Ich
habe gar keinen Strom mehr!?«
Ich sage mein Sprüchlein auf.
Sie, ungehalten: »Das kann ja wohl nicht wahr sein.
Wie lange soll das denn jetzt dauern?«

Bedauernd: »Das weiß ich leider nicht, das kann ich Ihnen nicht sagen.«

Aufgebracht: »Na, toll. Und jetzt sitze ich hier auf unbestimmte Zeit im Dunkeln, ja!?«

Besänftigend:»Na ja, aber das ist doch nicht so tragisch. Zünden Sie doch ein paar Kerzen an, und machen Sie es sich gemütlich. Das kann doch auch mal ganz kuschelig sein.«

Nachdenklich. »Hmm … ja, Sie haben recht.«

Zufrieden: »Na, sehen Sie. Und so ewig wird das mit dem Strom auch nicht dauern.«

Mit sanfter Stimme: »Wissen Sie was? Ich habe tatsächlich noch genug Kerzen zu Hause. Ich habe aber auch noch ein paar Shrimps hier und eine Flasche Sekt. Haben Sie nicht Lust, zu mir zu kommen, und wir machen es uns zusammen gemütlich?«

Verdattert, überrascht, geschmeichelt, verwirrt: »Ähm … oh. Das ist ja wirklich nett, und das klingt sehr einladend. Aber ich bin hier ja im Dienst und kann nicht so einfach weg!«

Verführerisch: »Oh … Können Sie denn nicht fragen, ob Sie frei bekommen?«

Bedauernd: »Das wäre aussichtslos. Wir sind heute Nacht nicht genug Leute. Ich muss auf jeden Fall hierbleiben.«

Hartnäckig: »Hm. Okay, und um wie viel Uhr endet Ihre Schicht?«

Schnell: »Erst morgen früh um sechs!«

Immer noch lieb: »Schade. Aber falls Sie doch früher

frei bekommen sollten – Sie können sich ja einfach mal meine Telefonnummer aufschreiben!?«

Lächelnd: »Das ist eine gute Idee. So machen wir das. Auf jeden Fall vielen Dank für die nette Einladung und einen schönen Abend.«

Die lieben Kleinen

Kinder sind etwas Wunderbares – Kinder sind furchtbar. Kinder sehen die Welt mit ganz anderen Augen – Kinder sind laut und nerven. Kinder machen die Welt lebenswert … Manche Menschen werden sich wahrscheinlich für eine Position entscheiden und verneinen die andere. Viele aber, insbesondere Eltern, werden die obigen Aussagen allesamt bestätigen.

Auch die Polizei hat immer wieder mit Kindern zu tun. Von polizeilicher Seite aus kann man Kindern eines nicht absprechen – Facettenreichtum. Kinder sind Täter, Opfer, Zeugen – genau wie Erwachsene auch. Und trotzdem sind sie erfrischend anders.

Auch nehmen sie ihre Umwelt viel intensiver wahr. Die Telefonzellen zum Beispiel. Für Kinder sind sie etwas Wunderbares. Man kann so phantastisch den Notruf wählen und wichtige Durchsagen machen …

Manchmal, wenn die Dienste tödlich langweilig sind und nur aus Warten bestehen, kann der Anruf eines Kindes den Tag retten und die Laune heben. Doch gerade der Notdienst ist nicht vorhersehbar, innerhalb weniger Minuten kann es gehörig losgehen: diverse Unfälle mit schwer verletzten Personen oder gar tödlichem Ausgang, Sachbeschädigungen mit Schäden von zigtausend Euro, ein Tumultdelikt, drei Leichen, eine Vergewaltigung...

Und dann klingelt inmitten aller Hektik plötzlich das Telefon und liefert uns den Beweis, dass wieder ein Kind die Funktionsweise kostenfreier Notrufe verstanden hat. Hätte man Zeit, so könnte man ganze Studien betreiben, etwa wie bei wachsender Intimität die sprachliche Distanz schrumpft:

»Polizeinotruf.«
Die freche Stimme eines kleinen Jungen bellt mir entgegen: »Wollen SIE mich lecken, DU Ficker!?«

Manche Kinder wollen einfach nur ausprobieren, was passiert, wenn sie die 110 wählen. Andere wollen ihren Mut beweisen und schreien eine saftige Beleidigung in den Hörer, bevor sie schnell wieder auflegen. Wenn diese Schlingel mehrfach anrufen, rufen wir zu deren Entsetzen schon mal zurück. Entweder erreichen wir gleich die Eltern und erzählen denen, was der Nachwuchs so treibt, oder wir haben wieder das vorlaute Kind an der Strippe und verlangen, mit Papa oder Mama zu sprechen. Dieser kleine Kerl aber hat mich wirklich überrascht...

»Polizeinotruf.«

Die Stimme eines kleinen Jungen: »Wer ist da?«

Geduldig und langsam sage ich: »Die Polizei ist hier.«

Energisch verlangt der Knirps: »So, mein Freund, jetzt gibst du mir mal deine Mama!«

Der kindliche Charme ist manchmal einfach unschlagbar. So viele Betrunkene, Verrückte oder Unverschämte rufen den Notruf an, weil sie meinen, dass die Polizei sie doch mal gut und gerne gratis nach Hause fahren könnte. Das wird von uns natürlich stets in mehr oder weniger freundlichen Worten abgelehnt. Gestern aber hat einer meiner Anrufer glatt gegen mich gewonnen …

Polizeitaxi

»Polizeinotruf.«

Eine ganz junge Stimme: »Hallo, hier ist der Robin. Ich habe mein Schoko-Ticket verloren, und jetzt ist es schon ganz dunkel hier. Wir sind gerade erst hier hingezogen, und ich weiß den Weg nach Hause noch nicht.«

»Wie alt bist du denn?«

»Ich bin zwölf.«

»Okay, Robin. Warum rufst du nicht deine Eltern an, damit sie dich abholen?«

»Das geht leider nicht, weil ich kein Guthaben mehr auf meinem Handy habe.«

»Verstehe. Kannst du mir denn die Nummer deiner Eltern sagen, dann rufe ich die an!?«

»Die kann ich Ihnen sagen. Aber das Telefon ist nicht freigeschaltet, da kann man noch gar nicht anrufen.«

Ein Junge, zwölf Jahre, allein im Dunkeln, in einer noch fremden Stadt. Gewonnen. »Alles klar, Robin. Dann sag mir mal, wo du stehst, und die Kollegen holen dich dann da ab.«

Gesagt, getan. Der brave Junge wurde nach Hause gefahren und seinen Eltern übergeben. Muss ja auch mal gut laufen :-)

Wünsche

»Polizeinotruf.«
Ein kicherndes Kind: »Haaaallloooo! Ich will
fiiiickennn!!!«
Klick.

»Polizeinotruf.«
Das gleiche Kind wieder: »Haaaalllooo. Ich brauche
mal die Feuerwehr – mir brennt der Arsch!«
»Ah, hat das mit dem Ficken also schon geklappt,
prima.«

Kind ausgesetzt

»Polizeinotruf.«
Die Stimme eines aufgeregten Mannes: »Hallo!?
Also, meine Eltern wollten für eine Woche auf mein
Kind aufpassen. Jetzt haben wir uns aber über
Telefon gestritten, und da haben sie als Konsequenz
einfach mein Kind auf der Straße ausgesetzt. Meine
Frau ist mit dem Wagen unterwegs zu ihr, aber sie
braucht mindestens eine Stunde, bis sie dort ist. Ich
mache mir solche Sorgen, weil mein Kind jetzt eine
Stunde lang alleine auf der Straße ist.«
»Ja, das klingt nicht gut. Wie alt ist das Kind denn
genau?«

»Meine Tochter ist jetzt vierzehn. Wir haben schon über Handy mit ihr telefoniert; sie wartet auf meine Frau.«

»Ähm, es ist 15 Uhr. Ihre Tochter ist vierzehn und wird in einer Stunde von Ihrer Frau vor der Haustür der Großeltern abgeholt. Ich sehe da jetzt keine Gefahren!?«

»Hm ... Gefahren vielleicht nicht. Aber ich finde das nicht korrekt!«

Polizei, die Super-Nanny?

»Polizeinotruf.«
Die leicht gehetzte Stimme einer – wie sich herausstellt – alleinerziehenden Mutter: »... Können Sie bitte mal ein paar Kollegen vorbeischicken? Mein zehnjähriger Sohn hat Hustensaft in die Kommode geschüttet – ich weiß nicht mehr, was ich mit ihm machen soll!«

Klarer Notfall

Verkehrsunfälle, Brände, Suizidankündigungen, Arbeitsunfälle, größere Schlägereien, Tumulte, häusliche Gewalt, Sexualdelikte, Totschlag ... die Liste der

Vorfälle, die einen Notruf erfordern, ist eindeutig. Leider ist der Missbrauch der Nummer 110 noch immer viel zu häufig. Aber es gibt auch Anrufe, die zwar rein rechtlich nicht gerade der Definition eines Notfalls entsprechen, für mich aber voll und ganz nachvollziehbar sind.

Der folgende Anruf dürfte für die meisten von uns, die mal jung waren und sich daran erinnern können, durchaus verständlich sein ...

Morgens, 7:30 Uhr

»Polizeinotruf.«
Eine junge Stimme, leicht verzweifelt, etwas gehetzt:
»Guten Morgen. Ich habe eine dringende Frage: Besteht in Nordrhein-Westfalen eigentlich wirklich die Schulpflicht ...?!«

Polizisten sind auch nur Menschen

In einer perfekten Polizeiwelt wären alle Polizisten immer ganz ruhig, höflich, komplett stressresistent, freundlich, einfühlsam. Sie wüssten alles, ließen sich nie provozieren und würden stets eine professionelle Distanz wahren.

Es gibt die perfekte Welt nicht, und natürlich ist auch die Polizei nicht perfekt. Es sind schließlich Menschen, die dort ihren Dienst versehen. Mensch sein bedeutet aber auch, Fehler zu machen, ärgerlich, gestresst zu sein. Natürlich geben wir uns alle Mühe, unsere Aufgaben so gut wie möglich zu erfüllen. Aber hin und wieder stoßen auch wir an unsere Grenzen.

Ich selbst würde mich als ruhigen Zeitgenossen beschreiben, der sich nicht so leicht provozieren lässt. Doch manchmal, da hilft auch das tiefe Durchatmen nicht, da zeigt Steel Nerven. Und Zähne …

Angespannt

»Polizeinotruf.«

Eine weibliche Stimme, geschätzte 45 Jahre: »Guten Tag. Ich habe da mal eine Frage!«

»Ja, bitte. Fragen Sie.«

»Ich habe eben beobachtet, dass ein Pkw ein Reh angefahren hat. Das Reh ist dann aber weiter in den Wald gelaufen. Wen muss ich jetzt anrufen, was soll ich tun?«

»Also, Sie sind aber nicht am Unfall beteiligt!?«

Entrüstet, dann geradezu triumphierend: »*Ich*? Nein, nein. Aber ich habe es gesehen!«

»Und was ist mit dem Pkw, der an dem Unfall beteiligt ist?«

»Ja, die Leute haben angehalten und geschaut, ob sie einen Schaden am Wagen haben.«

Boah, Frau. Jetzt spul mal vor. »Ja, und haben Sie mit den Leuten gesprochen?«

»Nein, nein. Ich bin weitergefahren. Wollen Sie vielleicht meinen Namen notieren, für die Versiche-rung?«

Was stellt die Frau sich vor? »Ich? Nein, möchte ich nicht.«

»Nun ja. Aber was machen wir jetzt wegen des Rehs?«

Seufz. »Es ist weitergelaufen, richtig!?«

Hartnäckig: »Ja, aber vielleicht hat es sich ver-letzt!«

Ausatmen, langsam ausatmen. »Ja, vielleicht ... Man könnte den Jagdausübungsberechtigten anrufen und ihm Bescheid sagen.«

Zufrieden: »Ja, das klingt gut. Könnten Sie mir vielleicht die Nummer geben?«

Das war ja klar. »Dann brauche ich die genaue Unfallstelle. Die Jagdausübungsberechtigten haben alle bestimmte Bezirke.«

Grübelnd. »Hm ... tja ... also, das war irgendwo zwischen M-Stadt und R-Stadt.«

Das nennt man präzise. »Geht es ein wenig genauer?«

»Ja, wissen Sie, wo früher mal der alte Hühnerhof war?«

Tief atmen. Es vergehen ein paar Minuten mit der Suche nach dem Unfallort. Ich gebe ihr die Nummer von einem JAB. Ich hoffe, es ist der richtige.

So, das war's jetzt. Schnell verabschieden und auflegen.

Denkste. Nicht mit ihr.

»Ach, wo ich Sie gerade am Telefon habe ...«

NEEEEEINNNN. Geh weg. Leg auf! Bitte!!!

Kläglich: »Ja?«

»Also, in unserem Garten, da habe ich letztens Eierschalen gefunden.«

Ich bin überarbeitet. »Ja, und jetzt?«

»Na ja, und unser Gartentor neben dem Häuschen – das war beschädigt.«

Einsilbig: »Hm.«

Enthüllend: »Und eine halbe Scheibe Brot habe ich auch gefunden!!!«

Ich sollte jetzt wahrscheinlich Spezialeinheiten anfordern. »Hm … Also isst jemand unberechtigt in Ihrem Garten Eier und Brot!?«

Unsicher: »Ich weiß nicht. Könnte auch sein, dass die Schalen von einem Vogelei waren.«

Ich will nach Hause. »So, so.«

Pfiffig: »Aber wissen Sie – '93 wurde schon mal bei uns eingebrochen.«

Alles klar. Das ist der Hammer. 14 Jahre später kehrt der Täter an den Ort des Verbrechens zurück und macht ein Gartentor kaputt, um Brot und Eier zu essen. Ich telefoniere mit Miss Marple.

»Ah so, ja.«

»Soll ich dann mal irgendwann vorbeikommen, um Anzeige wegen des Tors zu erstatten?«

»Hm. Nein, das sollten die Kollegen sich besser mal anschauen. Ist ja ein TATORT, nicht wahr!?«

Glücklich: »Wunderbar. Wann haben Sie Zeit? Nächste Woche irgendwann?«

Jetzt muss ich doch lächeln. »Die Kollegen kommen dann gleich, so in einer Viertelstunde ungefähr.«

Das Leben ist schön. »Ach, das ist ja toll. Wie gut, dass ich Sie angerufen habe. Bis bald einmal!«

Hm, hm.

Hilflos I

»Polizeinotruf.«
Weibliche Stimme, resolut: »Hallo, kommen Sie bitte
zum XY-Platz. Dort ist eine hilflose Person.«
»Was ist denn mit der Person?«
»Das ist ein Mann, der ist schon zweimal gestürzt.«
»Ist der Mann verletzt?«
»Das weiß ich nicht.«
Wäre aber wichtig für mich zu wissen. Kranken-
wagen oder nicht!? »Warum nicht?«
»Ja, ich war doch mit dem Hund unterwegs!«
»Na, Sie hätten ihn doch mal ansprechen können!«
»Nein, also wissen Sie – ich bin alleinstehend, und
der Hund hat schon an der Leine gezogen. Das muss
ich mir nicht antun!«
»…!«

Hilflos II

Hektische Nacht – die erste nach meinem Urlaub, ca.
4:30 Uhr

»Polizeinotruf.«
Die Stimme einer Frau zwischen zwanzig und dreißig. »Hallo, guten Morgen. Bei mir steht eine alte
Frau vor der Tür. Die klingelt schon seit bestimmt
zehn Minuten.«

»So. Und was möchte sie genau?«

Verständnislos: »Das weiß ich doch nicht. Ich habe die Tür ja nicht aufgemacht. Aber sie ruft immer irgendwas, dass sie Hilfe braucht oder so.«

Mühsam beherrscht: »Eine alte Frau steht seit zehn Minuten vor Ihrer Tür, ruft um Hilfe – und Sie machen nicht auf?«

Ganz selbstverständlich: »Nee, das traue ich mich nicht. Ich weiß ja nicht, was die genau will …!«

Ich erspare mir sämtliche Kommentare, denn meine Stimmungslage lässt keinen konstruktiven Dialog mehr zu. Ich erfrage die genaue Adresse und schicke Kollegen hin.

Ergebnis: Der Mann der alten Dame war gestürzt. Sie war zu schwach, um ihm selbst aufzuhelfen, und klingelte in ihrer Angst und Verwirrung bei ihrer Nachbarin. Die Kollegen haben dem Herrn aufgeholfen, eine Beule am Kopf von einem Sanitäter behandeln lassen und die Dame beruhigt.

PS

§ 323c StGB – Unterlassene Hilfeleistung

Wer bei Unglücksfällen oder gemeiner Gefahr oder Not nicht Hilfe leistet, obwohl dies erforderlich und ihm den Umständen nach zuzumuten, insbesondere ohne erhebliche eigene Gefahr und ohne Verletzung anderer wichtiger Pflichten möglich ist, wird mit Freiheitsstrafe bis zu einem Jahr oder mit Geldstrafe bestraft.

Feige

Stressige Nacht, ca. 1:00 Uhr

»Polizeinotruf.«
Eine weibliche Stimme: »Ja, guten Abend!«
»Guten Abend.«
»Oder ... ah, besser gesagt, guten M ...«
Drei andere Notrufleitungen klingeln. »Egal. Was kann ich für Sie tun?«
»Also hier im Haus gegenüber, da ist gaaaaanz laute Musik. Ich dachte, das wäre sicher für Sie von Interesse wegen Ordnungswidrigkeit und so!?«
Jetzt tun die Leute schon so, als wollten sie uns einen Gefallen erweisen. »Nein.«
Ungläubig: »Wie bitte?«
»Mir ist das egal. Es sei denn, Sie fühlen sich dadurch gestört und möchten, dass wir Ihnen helfen.«
»Ach so ... äh ja, wissen Sie, hier wohnt auch eine kranke Frau im Haus.«
Gesagt: »Bitte Ort, Straße, Namen, ich schicke einen Wagen vorbei.«

Gedacht: Ganz schön armselig, sich auf eine angeblich kranke Frau zu berufen, die sich nicht mal selbst beschwert. Wieso kann man da nicht ehrlich sagen: »Da ist es so laut, und ich will schlafen«? Ist doch nicht so schwer. Aber heute ist zu viel los, um da mal ein Wörtchen mit der Anruferin zu reden.

Notfall Termine

Im ersten Kapitel haben wir ja bereits das Thema »Missbrauch von Notrufen« besprochen. Der folgende Anrufer hat den Tatbestand natürlich auch erfüllt und ist einer von vielen – auf meiner persönlichen Antipathie-Hitliste liegt er aber ganz weit vorne ...

»Polizeinotruf.«
Eine männliche Stimme. Hart, energisch, autoritär: »Guten Abend. Ich befinde mich auf der Autobahn XY, in Höhe von Kilometer YZ. Hier ist Stau. Wie kommt das, was ist da los – sagen Sie mir das bitte!«
Schon ist er irgendwie mein Feind. Diverse Schimpfwörter schießen mir durch den Kopf. Um Gelassenheit bemüht: »Nun, was auch immer da los ist – Sie begehen gerade eine Straftat.«

Skeptisch, zugleich überheblich: »Wieso begehe *ich* eine Straftat?!«

»Weil Sie eine Notrufleitung belegen, nur weil Sie irgendwelche Informationen einholen wollen.«

Furchtlos, immer noch der Mann, der hier das Sagen hat: »Ja, und? *Ich* habe wichtige Termine und stehe jetzt hier im Stau. Das ist für mich ganz eindeutig ein Notfall. Da müssen wir uns jetzt mal schnell was einfallen lassen!!!!«

Verlust meiner Geduld. Aufkeimende Wut. Auf meinem mentalen Schirm erscheinen die folgenden Handlungsalternativen, die mir in diesem Zustand möglich erscheinen:

1. Diskutieren. Pampig werden. Eine Beschwerde riskieren. (Mir kann nichts geschehen, da er rechtswidrig die Leitung blockiert, nervt aber und kostet Zeit.)

2. Daten erheben. Eine Strafanzeige fertigen. Dem Mann zeigen, wer hier am längeren Hebel sitzt.

3. Völlig unsouverän und verächtlich »Ui – na, dann viel Glück« in den Hörer sagen und einfach auflegen.

Mein Blick fällt auf die eingehenden Notrufe. Keine Zeit, den Helden zu markieren – nicht in diesem Fall. Also wähle ich 3.

Pommes oder Leben

Die normale Amtsleitung klingelt.

»Leitstelle der Polizei, Steel, guten Tag.«

»Guten Tag. Mein Name ist Doktor M. Sie müssen mir dringend helfen. Meine Frau und ich haben uns Samstag entschlossen, uns zu trennen. Und jetzt hat sie mich angerufen und gesagt, ich solle mich in Gedanken von ihr und unseren drei Kindern verabschieden. Sie wolle sich mit den Kindern von der Autobahnbrücke in ZZ stürzen. Bitte glauben Sie mir. Ich bin nicht betrunken oder verwirrt oder so. Ich bin Arzt und befinde mich in meiner Praxis. Es geht um Leben oder Tod! Bitte.«

»Ganz ruhig. Ich glaube Ihnen ja. Also, Ihre Frau hat ausdrücklich die ZZ-Autobahnbrücke genannt!?«

»Ja, genau da wollte sie hin.«

»Wo wohnen Sie denn, und was für ein Auto fährt Ihre Frau?«

»Hören Sie – es geht jetzt wirklich um Sekunden. Das Leben meiner Frau und meiner Kinder ist in Gefahr, und Sie stellen mir hier lauter Fragen. So unternehmen Sie doch etwas!«

»Das möchte ich. Aber um schnell und effektiv handeln zu können, brauche ich bestimmte Informationen. Sie sagen, es geht um Sekunden – wann haben Sie mit Ihrer Frau telefoniert?«

»Hm ... Das war so gegen 14:00 Uhr. Genau. Da hat sie gesagt, dass sie sich umbringen will.«

Ungläubig: »14:00 Uhr? Das war vor *zwei Stunden!* Es ist jetzt … 16:03 Uhr!«

Ausweichend: »Pfff … Jaaaa. Wissen Sie, sie hatte mich da aber auch gerade auf dem Handy erreicht, als ich an der Pommes-Bude stand. Ich hatte bloß kurz Pause, denn in meiner Praxis warteten noch Patienten, um die ich mich erst mal kümmern musste …«

Den weiteren Dialog erspare ich Ihnen. Die Geschichte ging jedenfalls gut aus. Letztlich wurde die Frau samt der drei Kinder und einer Eheberaterin an der Heimatadresse wohlbehalten angetroffen.

Nur der Kinder wegen

Freitag und Samstag hatte ich Nachtdienst, und es war eine Menge los. Kennen Sie das auch, dass es Menschen gibt, die Sie schon nach wenigen Augenblicken fürchterlich nerven? Die Frau in dem folgenden Dialog hat mich sehr genervt, sowohl mit ihrer Art als auch mit ihren seltsamen Begründungen …

»Polizeinotruf.«

Eine Frau, geschätzte 40 Jahre, aufgebracht: »Nein, so geht das nicht. Wir haben Kinder hier. Schicken

Sie bitte sofort einen Streifenwagen in die W-Stadt, H-Straße 3. Die Familie A ist da am Streiten.«

Mir ist schon klar, worum es geht, aber ich stelle mich ein wenig doof. Vielleicht sind es die beiden Wochenend-Nachtdienste, die hinter mir liegen. Vielleicht ist es aber auch dieser impertinente Tonfall der Frau, der an meinen Nerven zerrt.

»Aha. Die streiten mit den Kindern?«

Gereizt. »Nei-hein. Die Familie A streitet sich oben im Haus. Das geht aber so nicht, schließlich haben wir Kinder hier.«

Es tut mir leid, aber ich bin auch nur ein Mensch. Wenn sie so darauf herumreitet, dann tue ich das eben auch. »Aber mit den Kindern streitet niemand?«

Aggressiver: »NEIN. Aber die Familie A streitet oben im Treppenhaus, die werden auch schon mal handgreiflich. So, jetzt … (Stimmengewirr im Hintergrund) … das kann ja wohl …«

»Hallo, reden Sie noch mit mir?«

Genervt und jedes Wort betonend, als sei ich ein wenig debil: »Ja-haaa. Schicken Sie jetzt bitte endlich einen Streifenwagen in die Weeee-Staaadt … Haaaa-Straße … Nummer dreeeei. Die Familie Aaaaa streitet dort, und wir haben hier *Kinder*, verstehen Sie das? KINDER!«

Kühl: »Ich verstehe und würde vorschlagen, Sie entfernen Ihre Kinder dann mal aus dem Hausflur und …«

Wütend unterbrechend: »So, jetzt wird offenbar
auch noch geschlagen! Kommen Sie jetzt bitte endlich? Wir haben Kinder hier!«

Natürlich schicke ich einen Streifenwagen. Fazit:
Verbale Streitigkeiten, die beim Erscheinen der Kollegen sofort beigelegt wurden. Die unbeteiligte
Anruferin (die so um das Seelenheil ihrer Kinder
besorgt war), stand nach wie vor im Treppenhaus
und hatte auch beim Verlassen der Kollegen noch
einen Puls von 180.

Du Arsch

»Polizeinotruf.«
Eine männliche Stimme mittleren Alters, leicht hei-
ser, spöttisch und gedehnt: »Pooliiizeinoootruuuf?
gluckst Oder vielleicht Pooolizeiiinotdurft?«
Sachlich wiederhole ich: »Hier ist der Polizeinotruf
der Behörde XY.«
Der Mann lacht wieder. »Jaaa, neee, ist klar. Ich
komm 10 Minuten später, weißte Bescheid, ja!«
Weiter sachlich und korrekt: »Nein, ich weiß nicht
Bescheid. Haben Sie einen Notfall?«
Leicht verärgert: »Markus, DU ARSCH! Ist gut jetzt.«
Kühl: »Hier ist nicht Markus, hier ist der Polizeinot-
ruf der Behörde XY.«

Wieder Lachen. »Boah, ey, du machst das echt super. Aber es reicht jetzt, okay!«

Das finde ich auch. »Das stimmt. Hier ist der Polizeinotruf, und Sie haben sich scheinbar ver- wählt.«

Spöttisch. »Verwählt *hehehe*, ja, nee, ist klar … *hehehe*…«

»Gut, dann trenne ich jetzt die Leitung.«

Klick.

Stille Post

Auf den ersten Blick erscheint meine Aufgabe als Beamter in der Notrufzentrale geradezu simpel: Jemand ruft mich an und teilt mir mit, wer an welcher Örtlichkeit welchen Notfall hat. Ich gebe die Einzelheiten an Kollegen weiter, die sich um genau diese Situation kümmern. Und wieder ist ein Fall bearbeitet.

Schön wär's. Abgesehen davon, dass viele Leute nicht mal wissen, wo sie gerade sind (»Puh, tja, welche Autobahn fahre ich denn immer?«), finden die Kollegen am Einsatzort oft eine ganz andere Situation vor, als ich sie ihnen geschildert habe. Das liegt zum einen an der Wahrnehmung des Anrufers. Aus Angst, Aufregung oder Unwissenheit interpretiert er einen Sachverhalt nicht ganz der Realität entsprechend. Als zweite Schwierigkeit kommt die kommunikative Ebene hinzu: Der Anrufer und ich benutzen quasi nicht den gleichen »Code«. Wenn mir jemand sagt, er sei überfallen worden, dann verstehe ich das als Raubdelikt – platt ausgedrückt: Gewalt anwenden oder androhen und etwas wegnehmen. Jemanden abziehen, wie Jugendliche das nennen. So mancher Anrufer jedoch gibt an, er sei überfallen worden, und meint in Wirklichkeit, dass sein Auto in der vergangenen Nacht von Unbekannten aufgebrochen wurde, um das Navigationsgerät zu entwenden.

Die dritte Schwierigkeit besteht darin, dass ich nicht sehen kann, was der Anrufer gesehen hat oder sieht. Das führt dazu, dass ich mir bildlich vorzustellen versuche, was mein Gesprächspartner beschreibt. Lücken in der Erzählung werden dabei automatisch durch meine Interpretation des Sachverhalts ergänzt. Ein klassisches Beispiel:

Es regnet in Strömen, Blitze durchzucken die Nacht. Ein Mann nimmt langsam, aber bestimmt sein Gewehr vom Schrank. Mit großen, bittenden Augen blickt die Frau ihn an. »Bitte nicht«, wispert sie.

Was ist da los? Wahrscheinlich häusliche Gewalt, oder? Die arme Frau! In diesem Fall aber droht ihr gar keine Gefahr. Ihr Mann ist Jäger, und sie macht sich Sorgen um ihn, weil er nachts in einem fürchterlichen Gewitter noch in den Wald will, um ein verletztes Reh zu suchen.

Kurz gesagt: Meistens wird nichts so heiß gegessen, wie es gekocht wird. Doch kann man sich dessen sicher sein? Als Polizist erlebt man Tag für Tag so manches Drama, dessen blutiger Ausgang bei einem effizienten Einschreiten verhindert werden kann. Weit häufiger sind die Umstände jedoch schlicht und einfach kurios.

Genug der Vorrede, schauen wir uns an, wie das Stille-Post-Spiel im Alltag eines Polizisten aussehen kann …

Messerstecherei

»Polizeinotruf.«

Eine weibliche Stimme: »Kommen Sie schnell! Hier schlagen sich welche.«

»Wie viele denn?«

»Äh ... hm ... weiß nicht. Aber einer hat ein Messer!«

»Und wo sind die Personen?«

»Ja ... äh ... vor der Tür! Moment mal.« Eine männliche Stimme. »Hallo? Kommen Sie schnell! Die schlagen sich hier, und einer hat ein Messer!«

»Können Sie mir bitte sagen, wie viele das genau sind?«

»Ja, zwei.«

»Vor Ihrer Haustür!?«

»Nein. Bei mir im Keller.«

»Im Keller bei Ihnen? Wer ist denn das?«

»Ja ... äh ... keine Ahnung. Kommen Sie schnell!«

Hatten Sie das gleiche Bild vor Augen wie ich? Mindestens zwei Männer, die – warum auch immer – in einem fremden Keller sind und sich brutalst schlagen, wobei einer kurz davor ist, von einem gefährlichen Kampfmesser verletzt zu werden?

Die Wahrheit: Es gab kein Messer, keine Schlägerei, keinerlei Gewalt. Sondern nur einen lautstarken verbalen Streit um eine Frau ...

Schüsse

»Polizeinotruf.«
Die Stimme eines älteren Mannes. »Guten Tag. Hier wird die ganze Zeit geschossen! Kommen Sie schnell!«
»Sehen Sie das, oder hören Sie das?«
»Ich höre das. Das kommt aus Richtung Sportplatz. Da war im Frühling schon mal was. Da bin ich sogar angeschossen worden!«
Ich schicke sofort einen Streifenwagen.

Rückmeldung der entsandten Kollegen:
»Die angeblichen Schüsse stellten sich als Geräusch-kulisse von Skateboardfahrern da. Zu seiner Schuss-verletzung: Er hat sich im Frühjahr im Garten gebückt und dann ein Zwirbeln im Rücken ver-spürt.« War wohl ein Hexen*schuss* ...

Der Müll muss weg

»Polizeinotruf.«
Eine alte Dame. »Guten Tat. Entschuldigen Sie bitte die Störung. Aber hier war jemand mit einem Liefer-wagen. Der hat einfach Müll bei uns vor dem Haus auf die Wiese geworfen. Das war vor einer Woche. Ich habe dem extra Zeit gelassen, um das wieder

wegzuräumen, aber der ist nicht mehr wiederge-
kommen. Könnte man da nicht mal das Ordnungsamt anrufen?«

Ich weiß, was Sie wollen, gnädige Frau. »Ja, natürlich.
Rufen Sie da ruhig mal an.«

Bestürzt, aufgeregt, hektisch: »Nein, nein, nein.
Hören Sie – ich bin vierundachtzig! Ich habe keine
Nummer vom Ordnungsamt oder so. Ich habe jetzt
wirklich alles getan, was ich tun konnte. Den Rest
müssen Sie machen!«

Mir fallen einige Antworten ein, doch die Dame ist
84. Vergiss es, Steel. »Ja, das haben Sie super
gemacht. Alles klar, ich kümmere mich drum ...«

PS
Ich habe erst mal einen Streifenwagen zum Überprüfen hingeschickt. Ergebnis: Jemand hatte in Abspra-
che mit dem Hausmeister berechtigt dort Sachen
abgestellt.

Todeskampf auf dem eisernen Zaun

»Polizeinotruf.«
Die Stimme einer älteren Frau: »Guten Tag. Ja, ich
weiß nicht, ob das jetzt ein Notfall ist, aber da hängt
einer überm Zaun. Vielleicht gucken Sie da doch mal
nach!?«

Meine Augenbrauen rücken gefühlte zehn Zentimeter nach oben. »Da hängt einer überm Zaun?«
Gelassen: »Joah, eine Viertelstunde hängt der da
schon überm Zaun. Am Anfang hat er ziemlich rum-
gezappelt, aber jetzt ist er ruhig. Fahrrad ist auch
dabei.«
In meiner Vorstellung ist das Szenario sonnenklar:
Ein Radfahrer ist auf die Spitzen eines Eisenzaunes
gestürzt und aufgespießt worden. Sein Todeskampf
dauerte 15 Minuten ...
»Ist der Mann verletzt? Können Sie Blut sehen?«
Abgebrüht. »Nöö, das kann ich vom Fenster aus
nicht sehen. Aber das war schon richtig, dass ich
angerufen habe, oder?«

Rückmeldung des entsandten Streifenwagens:
»Alles okay. Einem Radfahrer ist schlecht geworden.
Er hat sein Rad an einen Gartenzaun gelehnt, hat
sich dann über den Zaun gebeugt und sich mächtig
übergeben. Er ist so weit in Ordnung und braucht
keinen RTW oder so.«

Eingesperrt

»Polizeinotruf.«
Die Stimme eines älteren Mannes: »Oh, können Sie
mich mal verbinden?«

»Warum soll ich Sie verbinden?«

»Na, das ist kein Notfall. Können Sie mir eine Wache geben?«

»Sagen Sie erst mal, worum es geht, vielleicht kann ich Ihnen auch helfen!«

»Na ja, ich komme nicht raus!«

»Wo sind Sie denn drin?«

»Na hier, in meiner Wohnung!«

»Hm, das ist ja schon mal nicht so verkehrt. Draußen regnet es in Strömen, da ist es in Ihrer Wohnung ja schon schöner.«

Einlenkend: »Stimmt. Ja. Aber der Mann hat auf das Schloss gezeigt, und jetzt geht die Tür nicht mehr auf.«

»Was für ein Mann?«

»Weiß ich auch nicht.«

»Moment. Wohnen Sie denn dort alleine?«

»Nee, die Nachbarn wohnen auch alle hier.«

Hmpf. Ja, danke. »Ich meine die Wohnung. Wohnen Sie in der Wohnung alleine?«

»Ja, hier wohne nur ich.«

»In Ordnung. Und Sie hatten Besuch!?«

»Nein, nein.«

»Ja, aber was war das denn für ein Mann?«

»Weiß ich auch nicht. Der war hier in der Wohnung, hat auf das Schloss gezeigt, und jetzt geht die Tür nicht mehr auf.«

»????«

»Der Schlüssel ist auch weg.«

»Ihr Wohnungsschlüssel ist weg?«

»Ja, es ist auch alles durchwühlt. Ich weiß nicht, ob ich vielleicht davon wach geworden bin, dass hier eingebrochen wurde.«

Ob der Mann am Ende von einem Einbrecher eingesperrt wurde? Wenn ja, wie hat der das mit bloßem Zeigen gemacht?

Rückmeldung des entsandten Streifenwagens:
Bei dem Anrufer handelte es sich um einen leicht verwirrten Herrn, der seine Wohnungstür abgeschlossen hatte und mit der Bedienung des Schlüssels kurzfristig nicht mehr klarkam.

Eingenistet

Dienstagmorgen, ca. 1:30 Uhr

»Polizeinotruf.«

Die unsichere Stimme einer alten Frau: »Hallo. Hier ist Frau Z. Hier haben sich Leute eingenistet, und jetzt werde ich die nicht mehr los.«

»Eingenistet?«

»Ja, der Knoll hatte Gäste. Und weil der nicht genug Platz hatte, hat der die einfach hier untergebracht.«

»Wer ist denn der Knoll?«

»Mein Nachbar. Ich kenne die Leute aber gar nicht. Bitte, schaffen Sie sie weg!«

Schmunzelnd: »Langsam. Also, Sie haben jetzt Gäste von Ihrem Nachbarn in der Wohnung?«

»Ja, habe ich doch gesagt.«

»Ja, wie sind die denn in Ihre Wohnung reingekommen?«

Etwas ungeduldig: »Na, der Knoll hat die reingebracht!«

Klar, hätte ich mir ja denken können. Egal, weiter im Text. »Und wo sind die Leute jetzt?«

»Na, bei mir im Wohnzimmer.«

»Und was machen die da?«

»Na, die liegen da auf dem Boden!«

»Und wie viele sind das?«

»Oh, so ungefähr zehn Leute.«

Ich konzentriere mich, damit ich nicht loslache.

»Bei Ihnen im Wohnzimmer liegen jetzt – ungefähr – zehn fremde Leute auf dem Boden? Das ist ja allerhand. Geben Sie mir mal einen von denen!«

Ungläubig: »Was?«

Beharrlich: »Na, ich will mal einen von denen sprechen!«

Ausweichend: »Hm ... ne ... die sprechen aber keine fremden Sprachen.«

Hä? Jetzt souverän sein. »Das macht nichts. Ich spreche alle Sprachen. Lassen Sie mich mit einem telefonieren!«

Vorsichtig: »Ja ... hm ... also gut, ich versuche es

mal. Hallo! Telefon ... hier ... Telefon! Nee, die wollen einfach nicht.«

Seufz. »Okay. Welche Adresse haben Sie denn?«

»Am Buiskitchen 18 ... oder 19.«

»Ja – 18 oder 19?«

»Ja, 18 oder 19.«

Schmunzelnd: »Ja, Sie müssen doch Ihre Hausnummer wissen!?«

»Ach, 18 oder 19 eben. Ich weiß doch, wie das Haus aussieht – da muss ich mir die Nummer doch nicht merken. Das erste hier an der Ecke halt.«

Punkt für dich, alte Dame. Ich muss lachen. »Okay, alles klar. Ich schicke mal die Kollegen zu Ihnen.«

Das Ende der Geschichte?

Das Haus an der Ecke gibt es wirklich. Auch den Nachbarn, den guten Herrn Knoll. Nur die Leute in ihrem Wohnzimmer – die hat die alte Dame wohl geträumt ...

Tot oder nicht tot ...

... das war hier die Frage, die sich vorgestern Nacht ein Mann stellte. Und was macht man, wenn man herausfinden möchte, ob ein Freund wohlauf, in hilfloser Lage oder gar tot ist? Richtig, man dreht ihm die Sicherung raus.

»Polizeinotruf.«

Ein Mann mit knarrender Stimme, geschätzte 50 Jahre. »Guten Abend. Ich weiß nicht so genau, ob ich einen Notfall habe. Haben Sie ein paar Minuten Zeit, um mir zuzuhören?«

»Ja, erzählen Sie.«

»Ich bin hier in einer Gaststätte. Da bin ich regelmäßig. Ein Bekannter, der auch immer hier war, ist vor ein paar Monaten gestorben. So, und jetzt wollte ich der Sache mal auf den Grund gehen. Ich bin eben da mal hingegangen. Und da war das Licht an, und das Radio spielte. Ich habe mehrfach geklingelt, aber er öffnet nicht ...«

»Wie bitte? Ich denke, der ist vor ein paar Monaten gestorben?«

»Ja, da war ich eben nicht mehr so sicher. So, und weil da keiner aufgemacht hat, bin ich in den Keller gegangen und habe ihm mal alle Sicherungen rausgedreht. Da war alles dunkel. Da hätte der doch mal rauskommen müssen. Aber nichts. So, und jetzt mache ich mir halt Sorgen, dass er vielleicht da liegt ...«

Äußerst seltsam, das Ganze. Ich schicke Kollegen zu dem Radio hörenden Toten.

Fazit: Alles in Ordnung. Der Bekannte ist nicht verstorben. Er war auch nicht in hilfloser Lage, sondern einfach ein wenig schwerhörig. Und scheinbar nicht so sehr auf Licht angewiesen ...

Verrückt?

»Polizeinotruf.«

Eine junge Frau. »Guten Tag. Wir sind gerade nach Hause gekommen, und hier auf dem Boden ist überall Urin.«

Viele mögliche Antworten liegen mir auf der Zunge. Dies wäre schließlich nicht die erste Anruferin, die dazu neigt, sich bizarre Vorfälle auszudenken. Aber ich bin beherrscht – noch. »Aha…!?«

»Ja, von uns war das ja niemand, und jetzt ist hier so eine Sauerei.«

»Was heißt denn ›von uns‹? Wer wohnt denn da alles?«

»Meine Mutter, mein Bruder und ich. Als wir um sieben gegangen sind, war noch alles okay. Jetzt kommen wir nach Hause, und hier ist alles versaut. Alles ist voller Urin, der Boden, die Möbel. Das stinkt fürchterlich. Und außerdem liegt jetzt hier eine Schachtel Zigaretten, die gehört keinem von uns!«

»Hat man bei Ihnen eingebrochen!«

»Nein, Türen und Fenster sind heil.«

»Hat man denn Ihre Wohnung durchwühlt, fehlen Ihnen Sachen?«

»Nein, nein. Nur diese Sauerei hier.«

Hm. Normalerweise gehören solche Anrufer in die Kategorie »wirr«, aber diese Frau klingt eigentlich ganz klar.

»Okay, ich schicke mal die Kollegen zu Ihnen ...«
Bin sehr gespannt, was die Lösung ist. Obwohl ich
mir ziemlich sicher sein kann, dass die Kollegen im
Einsatz das Ganze relativieren werden.

Rückmeldung des Streifenwagens:
Sachverhalt wie angegeben. Schreiben eine Anzeige
wegen Hausfriedensbruch und Sachbeschädigung.
Haben außerdem eine Schachtel Zigaretten sicher-
gestellt.
    Och!?

Eingesperrt und verschwunden

»Polizeinotruf.«
Eine weibliche Stimme, ca. 50 Jahre aufwärts: »Äh,
hallo? Meine Tochter ist verschwunden. Können Sie
bitte kommen!?«
»Wie alt ...«
Mich ignorierend: »Die war im Keller. Die war von
ihrem Freund eingeschlossen worden, und jetzt ist
sie nicht mehr da. Kommen Sie ganz schnell!«
»Wie ...«
»Meine Tochter ist weg, und die war eben noch da.
Und die hat gesagt, ich soll sie dringendst mit der
Polizei da rausholen.«
»Hat ...«

»Haben Sie mich verstanden???«

Schmunzelnd: »Ja, ich versuche es. Wie ist Ihr Name bitte? Frau ...?«

»Pötter.«

»Pötter?«

Wieder ignorierend: »Meine Tochter hat mich beauftragt, Sie zu holen. Die war eben noch da. Kommen Sie schnell!«

»Ja. Ihr Name ...«

»Meine Tochter ist nicht mehr da!«

Es reicht. »Antworten Sie jetzt mal nur auf meine Fragen. Sonst nichts erzählen – okay!? Also, Ihr Name ist Pötter, ja!?«

»Pimpelweg 18, meine Tochter, die war eben noch da, die ...«

Diesmal unterbreche ich. »Ja, ich habe verstanden, dass die eben noch da war. In welcher Stadt wohnen Sie?«

»Pimpelweg 18.«

»Ja, das ist eine Straße. Und in welcher Stadt?«

»Bitte?«

»In welcher Stadt wohnen Sie?«

»Bitte?«

Grrrrrr ... »In welcher Stadt wohnen Sie? Stadt! Es-Te-A-De-Te!«

»In YX-Stadt.«

Na, endlich. Und weiter im Text. »So, und da dann Pimpelweg 18.«

»Ja.«

»Wie heißt denn Ihre Tochter?«

Rufend: »Petunia, wo bist du? Meine Tochter hat mich angerufen von unterwegs. Die ist eingesperrt worden. Seit drei Stunden sitzt die da, und jetzt ist sie nicht mehr da.«

Ich versteh das alles nicht. »Kann *ich* Ihre Tochter irgendwie erreichen?«

»Nein! Sie müssen jetzt kommen.«

Vor allem müsste ich das mal kapieren, was hier vor sich geht. Wieder so ein Tag, an dem die Anrufer kein Erbarmen kennen. »Zu *Ihnen?!* In den Pimpelweg!?«

Unbeirrt. »Pimpelweg 18, aber schnell!«

Keine Lust mehr. »Gut, die Kollegen kommen vorbei.«

Fünf Minuten später nimmt ein Kollege einen Notruf entgegen und berichtet mir: »He, Steel. Die Frau vom Pimpelweg hat gerade wieder angerufen. Da wären jetzt zwei Männer von der Rheinbahn bei ihr, die ihr helfen, alle Keller im Haus aufzubrechen. Die Kollegen sollten jetzt mal schnell kommen!«

Seufz …

Die Rheinbahner stellten sich als zwei 13-jährige Jungen heraus, die die Frau an einer Bushaltestelle angesprochen und um Hilfe gebeten hatte. Die beiden gingen brav mit der Frau in den Hauskeller und warteten lieb und hilfsbereit dort, bis die Polizei eintraf. Die stellte dann allerdings rasch fest, dass die Dame zwar eine erwachsene Tochter hat, die aber weder eingesperrt noch irgendwie verschwunden war. Eine wilde Geschichte.

Die Kunst der Kommunikation

Sie kennen das sicher: Es gibt Leute, mit denen kann man sich perfekt verständigen, ohne viele Worte. Und es gibt andere, mit denen dreht man sich im Gespräch dreimal im Kreis. Die Unterhaltung lässt sich nicht anders als zäh, klebrig, hakend, stockend beschreiben. Nun bin ich aber in meiner Arbeit auf eine gute Kommunikation angewiesen. Schnelles sich Verstehen kann im Ernstfall Leben retten.

Allerdings hapert es oft schon in der allgemeinen Verständigung, die noch nicht mal den Sinn und Inhalt des Gesprächs betrifft. Das Handy setzt aus, es knistert. Ein Personen- oder Ortsname wird in aller Aufregung undeutlich ausgesprochen und noch mal anders gehört. Doch das ist nur ein kleiner Teil der Fehlkommunikation. Manchmal hat man den Eindruck, dass ein Gespräch gar nicht richtig zustande kommt. Da stellt man eine einfache Frage, und die Antwort könnte auf ziemlich alles passen, nur eben nicht auf das, was man wissen wollte. Dann wieder erfährt man mehr, als man wissen will.

Deutlich mehr ... Ein Dilemma, in dem man sich manchmal heimlich, still und leise die gute alte Zeit zurückwünscht, als es noch keine Handys gab.

Das gilt dann ganz besonders, wenn der werte Anrufer zu den Leuten zählt, die, wenn sie schon mal den Notruf betätigen, auf jeden Fall alles sagen wollen, was sie wissen. Das läuft dann etwa folgendermaßen ab:

Samstagvormittag. Irgendwas liegt in der Luft. Viele Anrufe über Notruf und Amtsleitung, dazu etliche Funkdurchsagen. Man kann sagen, wir sind völlig ausgelastet.

Da kommt ein Anruf über eine Notrufleitung herein. Ein Anrufer teilt mit, dass auf der Autobahn A99 in Fahrtrichtung W-Stadt auf Höhe des Kilometers 88 ein Pkw auf der linken Fahrspur steht. Okay, wir kümmern uns darum.

Sekunden später laufen die Drähte heiß. Alle Notrufleitungen blinken. Dauerklingeln, hoher Lärmpegel, Hektik – und mittendrin ruft plötzlich ein Herr an, der zur Kategorie »Gnadenlos« zählt. Da wünscht man sich manchmal, man könnte einfach die Kunst der Kommunikation Kunst sein lassen und das Gespräch mit einem lauten, aber erlösenden »Klick« beenden.

Gnadenlos

»Polizeinotruf.«

Eine männliche Stimme: »Hallo. Sowieso mein Name, einen schönen guten Tag wünsche ich.«

Knapp: »Ja, hallo.«

Langsam und sorgfältig: »Sind Sie auch für die Autobahn zuständig?«

Ich will die Sache abkürzen. »Ja. Geht es um den Pkw auf der A99?«

»Gut. Folgendes: Ich bin hier auf der A99 ...«

»Jau. Und da steht ein Pkw auf der linken Spur.«

»... und zwar fahre ich nicht in Richtung D-Hausen, sondern in die andere Richtung ... Else, wie heißt das hier?«

Ungeduldig: »Sie fahren in Richtung W-Stadt, und da steht ein Auto. Wir kümmern uns darum«

Zufrieden: »So, jetzt habe ich es. Richtung W-Stadt fahren wir ...«

Mühsam beherrscht: »Ja, alles klar. Ich weiß Bescheid. Wir kümmern uns darum. Es haben schon Leute angerufen.«

Unbeirrt: »... und als ich auf der mittleren Spur bin, will ich einen Pkw überholen ...«

Hmmmmm. »Ja, und dann?«

»... der andere war eigentlich viel zu langsam, um da in der Mitte zu fahren. Jedenfalls ziehe ich nach links rüber, und dann steht da auf dem linken Fahrstreifen ein Auto!«

Grmpf. Zähne zusammenbeißen! Beherrscht:
»Ja. Alles klar. Wir kümmern uns darum.«
Zu früh gefreut. Dieser Mann hat alle Fakten für
mich. Ob ich sie will oder nicht. »Und zwar ist das
in Höhe ...«
Ins Wort fallend »Jahaaaa ... Kilometer 88,
Anschlussstelle E-Dorf. Alles klar, danke, wir küm-
mern uns darum!«
Gnadenlos: »... in Höhe von Kilometer 88, Kilome-
ter 88 Komma 0, um ganz genau zu sein.«
Suizidal: »Ja.«
Besorgt: »Ich halte das für sehr gefährlich!?«
»Ja.«
»Sind Sie denn zuständig? Kümmern Sie sich
darum?«
»Ja.«
»Haben Sie alle Informationen, oder soll ich noch
mal die Örtlichkeit wiederholen?«
Nahe am Weinen: »Alles klar. Danke für Ihren
Anruf ...«

Schwierig, schwierig ...

»Polizeinotruf.«
»Guten Tag. Was macht man, wenn der Nachbar mitten in der Nacht noch ganz laute Musik hört, sodass
man nicht schlafen kann?«

Seufz. Er tut wohl so, als wolle er einen Rat. Gut, dann tue ich so, als nähme ich ihm das ab. »Nun, zunächst nimmt man Kontakt zu seinem Nachbarn auf und bittet ihn, die Musik leiser zu stellen.«

»Ja, der hört aber nicht.«

»Dann wäre es eine Möglichkeit, dass man die Polizei anruft und diese bittet, die Ruhestörung zu beseitigen.«

»Was muss ich denn da wählen?«

»110.«

»Äh ... das habe ich schon getan!?«

»Super. Sie sind auf dem richtigen Weg. Dann nennen Sie Ihren Namen und den Grund Ihres Anrufes ...«

»Ach so. Mein Name ist XYZ. Ich möchte eine Ruhestörung melden.«

»Gut, dann tun Sie das.«

»Äh ... ja, wie?«

»Sagen Sie mir doch einfach, wo Sie wohnen und wie Ihr Nachbar heißt!«

»...«

Verletzte Autos!?

»Polizeinotruf.«

»Hallo, ich bin auf der Autobahn XY, und wir hatten hier einen Unfall.«

»Ist jemand verletzt?«

»Was?«

»Ist jemand verletzt?«

»Nein, nicht so richtig.«

»Nicht so richtig? Was heißt das genau?«

»Na ja, also kein Blut. Keine offenen Wunden oder so.«

»Aber?«

»Was? Ach so. Na, das hat ganz schön gerumst.«

Seufz. »Was liegen denn für Verletzungen vor?«

»Verletzungen … na, eigentlich gar keine. Aber die Autos sehen vielleicht aus, meine Güte!«

»…«

Konkurrenz!?

»Polizeinotruf.«

Eine weibliche Stimme: »Ja, hallo. Bitten kommen Sie schnell. Ich … wir hatten hier einen Unfall.«

»Okay. Ist jemand verletzt?«

»Hä?«

»Ist jemand verletzt? Brauchen Sie einen Krankenwagen?«

»Hmm, nee … verletzt nicht.«

»Aber?«

»Nun, ja – ich bin schwanger.«

»Aha. Und Sie haben Angst, dem Kind könne etwas

geschehen sein und möchten deshalb einen Krankenwagen haben!?«

»Nein ... ich ... Ach, wissen Sie was? Das dauert mir alles zu lange. Ich rufe jemand anderen an.« Klick. Äh ...?

Ich verstehe fast alles

»Polizeinotruf.«

Eine männliche, aufgeregte Stimme, recht jung: »Ja, ich bin mit dem Bus gefahren. Und dann meinte der Fahrer, ich hätte hier Bier verschüttet. Aber das war ich gar nicht. Ich bin zwar ein wenig betrunken, aber das war ich nicht. Die sind jetzt mit mir hierhergefahren und haben gesagt, ich soll aufwischen. Da weigere ich mich. Das war ich ja gar nicht. Die können meine Personalien haben und mich anzeigen. Das regel ich schon. Das lass ich nicht mit mir machen – verstehen Sie das?«

»Ja. Ich verstehe.«

»Ich soll das aufwischen. *Ich.* Das sehe ich nicht ein. Ich war das nicht. Ich habe denen meinen Ausweis gezeigt. Ich mach das nicht. Verstehen Sie das?«

»Ja, das verstehe ich.

»Okay. Dann gebe ich Ihnen mal einen von denen.«

»Ja.«

Eine ältere Stimme, unwirsch: »Bla ... Bier verschüt-

tet ... bla ... will nicht putzen ... bla ... Personalien haben wir.«
»Ja, verstehe.«
»Okay, dann gebe ich Ihnen den Herrn noch mal.«
»Ja.«
Der aufgeregte Junge wieder: »Jetzt haben Sie das gehört: Ich soll das aufwischen. Ich! Das sehe ich nicht ein. Ich war das nicht. Ich habe denen meinen Ausweis gezeigt. Ich mach das nicht. Verstehen Sie das?«
»Ja, ich verstehe.«
»Der hat einfach gesagt, ich hätte das Bier verschüttet und ...«
»Stopp, pssst, Sendepause!«
»Äh ... ja?«
»Nehmen Sie Ihren Ausweis, und gehen Sie nach Hause. Verstehen Sie das?«
»Äh ... ja, verstehe. Dann gehe ich jetzt. Danke für Ihre Hilfe! Aber ich musste mich ja wehren, das konnte ich ja nicht auf mir sitzen lassen, verstehen Sie das?«

Schock-Hirn

»Polizeinotruf.«
Eine aufgeregte Männerstimme: »Ja, hallo. Kommen Sie bitte schnell. Wir hatten hier einen Unfall!«

»Ja. Ist jemand verletzt worden?«

»Äh … nein. Ich bin nicht verletzt.«

»Und was ist mit dem oder den anderen Unfallbeteiligten?«

»Ja … weiß ich nicht.«

»Dann fragen Sie doch bitte mal.«

»Das geht nicht.«

»Warum denn nicht?«

»Ja … äh … der spricht nicht mit mir.«

»Nanu. Warum denn nicht?«

»Ach, der liegt hier auf dem Boden, blutet aus dem
Kopf und stöhnt die ganze Zeit rum.«

Seufz. Offenbar ein Fall von Unfallschock. So debil
kann der Anrufer doch nicht sein. Schicksals-
ergeben: »Dann würde ich mal sagen, der ist verletzt.«

»Äh … so gesehen – ja. Schicken Sie bitte einen
Krankenwagen!?«

Der Fahrraddieb

»Polizeinotruf.«

Eine männliche Stimme. »Hallo. Mir ist mein Fahrrad
gestohlen worden.«

»Wann haben Sie das bemerkt?«

»Vor zehn Minuten. Ich habe den Täter noch flüch-
ten gesehen. Er ist mit meinem Fahrrad die XY-

Straße reingefahren. Vielleicht erwischen Sie den noch!«

»Oh. Gut. Dann beschreiben Sie den Mann mal schnell!«

»Okay, gerne. Also: Alter: vierzig, Größe: gute eins achtzig, Figur: schlank, Kleidung: Jeans und grauer Sweater, weiße Turnschuhe ...«

Eifrig schreibe ich die vielen Informationen mit.

»Super Beschreibung, danke. Bleiben Sie bitte in der Leitung. Ich gebe das eben über Funk als Fahndung raus, vielleicht erwischen die Kollegen den Mann.«

Telefonat unterbrochen, Einsatz an Kollegen weitergegeben.

»Ach so, ich wollte noch was sagen!«

»Ja, bitte?«

»Ich kenn den Typen. Wenn Sie möchten, dann kann ich Ihnen auch seinen Namen und seine Adresse sagen?«

Starke Beschleunigung

Vorbemerkungen:
- Wenn jemand einen Diebstahl oder eine Sachbeschädigung am Auto oder Ähnliches bei der Polizei angezeigt hat und den Schaden anschließend der Versicherung meldet, verlangen die Versicherun-

gen meistens eine sogenannte Tagebuchnummer.
Das wissen die Kollegen auf den Wachen. Sie erklären den Leuten dies bei oder nach der Anzeigen-
aufnahme und geben den Hinweis, dass die Tagebuchnummer ca. 3 Tage nach Anzeigenerstattung
auf der Wache telefonisch erfragt werden kann.
- Die Nummer der jeweiligen Wache kann man sich
  direkt von den Kollegen sagen lassen. Man kann
  sie aber auch dem Internet, dem Telefonbuch oder
  einer beliebigen Telefonauskunft entnehmen.
- Den Notruf zu wählen, wenn man keinen Notfall
  hat, ist eine Straftat.
- Mindestens die Hälfte der Leute ruft natürlich
  trotzdem einfach 110 an.

»Polizeinotruf.«
Die Stimme einer etwa Sechzigjährigen: »Ja, guten
Tag. Hier ist Frau Soundso. Habe ich richtig gehört?«
Schmunzel. »Das weiß ich noch nicht. Was haben Sie
denn gehört?«
»Polizei. Sind Sie das?«
»Ja, da haben Sie richtig gehört. Ich bin es – die
Polizei. Genauer gesagt: der Polizeinotruf.«
»Gut. Hören Sie mal!«
»Ja, das tue ich.«
In aller Ruhe: »Also – mir haben sie die … äh …
die … äh … Bruno! Bruno, wie heißen die jetzt
schnell? Ja, genau. Die Nummernschilder, die
haben sie mir geklaut.«

»Oh, das ist aber ärgerlich.«

»Ja, sicher. Aber ich habe eine Anzeige erstattet.«

»Das ist ja schon mal gut.«

In einem Tonfall, der fürchten lässt, dass Unmengen von Informationen vor mir liegen, die anzuhören mich mindestens die nächste Viertelstunde kosten wird: »Ja. Und jetzt brauche ich die ... äh ... die ... äh ... Bruno! Bruno, was brauche ich jetzt? Ja, haste recht. Junger Mann, ich brauche die Tagebuchnummer. Für die Versicherung!«

»Ja, aber die können Sie nicht beim Notruf erfragen. Da müssten Sie ...«

Zackig: »Entschuldigung!«

Das Alter der Dame berücksichtigend, lenke ich ein: »Aber ich könnte mal eine Ausnahme machen und Sie ...«

Klick. Weg ist sie.

»... verbinden«, wollte ich sagen. Wahrscheinlich war ich ihr einfach zu langsam.

Kucken Sie mal

»Polizeinotruf.«

Eine männliche Stimme, sehr aufgeregt. »Ja, ashked ... tatae ... zuch ... hier ... dasege ... ganze Zeit!«

Betont ruhig: »Was ist da los?«

Hastig: »Ja, hier … rotzkamadaeega … Kucken Sie mal!«

»Ich bin hier am Telefon – ich kann nicht gucken. Sagen Sie mir bitte, was da los ist!«

Bestürzt: »Soll ich alles noch mal sagen?«

Sanft: »Ja, bitte. Ich verstehe Sie doch kaum.«

»Ja, akradh … adhakee … und oh, kucken Sie mal.«

Streng: »Das *kann* ich nicht. Ich kann Sie nur hören!«

Verzweifelt: »Ja, die machen hier alles … die Wiese … ajahaga … kaputt. Vier Leute!«

Genervt: »Also irgendwer macht irgendwas kaputt. Okay, ich schicke mal einen Wagen.«

Panik: »Ja, machen Sie … Die … oooooooooohh, jetzt geht der um. *Kucken Sie doch mal!*«

»…!«

Bericht des Kollegen:

In einem Grillrestaurant wurde renoviert. Der Anrufer ging davon aus, dass der Laden von Randalierern auseinandergenommen wurde.

Ich war es nicht

Morgens, 9:00 Uhr

»Polizeinotruf.«
Eine männliche Stimme, leicht nuschelnd: »Guten
Morgen. Mein Name ist A.S. Hier ist eine Frau, die
hat gerade Fotos von mir gemacht. Ich weiß nicht,
warum.«
»Äh … und weiter!?«
»Ja, und da ist ein kaputter Blumentopf. Nicht, dass
es heißt, ich wäre das gewesen!!!«
»Aha.«
Zufrieden: »Okay, nehmen Sie das auf, ja!?«
Verständnislos: »Was genau stellen Sie sich denn
jetzt vor? Was kann ich für Sie tun?«
Pfiffig: »Na ja, weil ich jetzt angerufen habe, ist ja
klar, dass ich schon mal nichts gemacht habe. Falls
da irgendwas kommt, können Sie sagen: ›Der war es
nicht, der hat angerufen.‹«
Mitdenkend: »Aber Sie könnten mich auch anrufen
und mir das erzählen, obwohl Sie etwas kaputt gemacht haben. Das kann ich ja von hier nicht beur-
teilen.«
Frustriert: »Boah, meinen Sie, ich würde – nee, mit
Ihnen hat das keinen Sinn.« Klick.

Steel ist blöde

»Polizeinotruf.«

Eine männliche Stimme, leicht nuschelnd: »Ja, können Sie mich mal mit dem Polizeirevier XY verbinden!?«

»Warum, was haben Sie?«

»Bitte?«

»Worum geht es denn?«

»Ich hör hier ja … ich hör hier ja nichts mehr, das ist ja das Problem an der ganzen Geschichte … Oder mit dem Ordnungsamt XY!«

Seufz. Bemüht: »Worum geht es denn?«

»Ja, das kann ich Ihnen sagen.«

»Ja, machen Sie mal.« Ich muss ein bisschen lachen. Anklagend: »Hören Sie das?«

Wieder konzentriert: »Was denn?«

»Bitte?«

»Was?«

Enthüllend: »Ja, ich höre hier nichts mehr, weil ich nichts mehr hören kann!«

Ich schaffe es nicht, ernst zu bleiben. »Ja, was ist … *lacht* … was ist denn jetzt genau das Problem?«

Fertig mit mir: »Das ist doch be… Sie sind ja noch blöder!«

Klick.

Verkehrsunfallflucht!?

»Polizeinotruf.«

Eine männliche Stimme, schnelles Atmen: »Ja, guten Tag. Ich habe eben mit meinem Auto ein anderes Auto angefahren. Also, die Spiegel sind gegeneinandergeschlagen.«

»Okay. Ich nehme an, der andere Wagen war geparkt, und der Halter ist nicht vor Ort?«

»Doch, doch. Der Fahrer saß im geparkten Wagen. Ich habe mit ihm gesprochen. Wir haben uns die Spiegel angesehen, und da ist nichts weiter dran. Er meinte, die Sache sei in Ordnung und ich könnte ruhig fahren.«

»Äh, ja und weiter?«

»Ja, ich bin dann auch losgefahren, aber jetzt mache ich mir doch Sorgen ...«

»Aber warum denn?«

»Na, wenn das jetzt irgendjemand gesehen hat!«

»Ja, ist doch nicht schlimm, oder?«

»Aber wenn ich jetzt angezeigt werde wegen Fahrerflucht oder so?«

»Fahrerflucht? Aber Sie sind doch nicht geflüchtet. Ich habe das so verstanden, dass Sie mit dem Fahrer des anderen Wagens gesprochen und sich mit ihm geeinigt haben – oder nicht?«

»Doch, doch. Das stimmt. Aber ich weiß nicht ... Nicht, dass da doch noch jemand Anzeige erstattet.«

»Ja, wer denn? Haben Sie mehr als das eine Auto angefahren?«

Entrüstet: »Nein, nein. Aber wenn das jemand vom Fenster aus gesehen hat ...?«

Es gibt schon Leute, die gehen ganz ungehemmt durch das Leben und scheinen Gesetze und Regeln einfach zu ignorieren. Dieser hier aber nimmt es mir eindeutig zu genau. »Auch dann haben Sie alles getan, was man tun muss. Sie sind nicht geflüchtet, sondern haben sich mit dem anderen Unfallbeteiligten geeinigt. Fertig, alles ist gut.«

Skeptisch »Na ja, wenn Sie meinen? Aber vielleicht hätte ich doch nicht losfahren sollen. Ich meine, das war ja ein Unfall, oder nicht?«

Rätselraten

»Polizeinotruf.«

Ein Mann mittleren Alters: »Guten Abend, ich brauche Ihre Hilfe.«

»Was kann ich tun?«

»Nun, eigentlich braucht meine Freundin Ihre Hilfe.«

»Auch gut. Was kann ich für Ihre Freundin tun?«

»Sie müssen sie rausholen!«

»Hm?«

»Also, eigentlich will ich sie da rausholen, aber das

ist nicht so leicht. Vielleicht können Sie auch kommen.«

»Langsam. Was ist denn das Problem genau?«

Drucksend: »Na ja, sie ist quasi eingesperrt.«

»Okay, so weit sind wir schon mal. Wo denn eingesperrt?«

»Tja. Sie arbeitet in einem Gebäude – also, ich wäre auch bereit, mit meinem Fahrzeug dahinzufahren. Da muss es doch Möglichkeiten geben. Aber Sie müssen mir helfen!«

»Richtig klar ist mir immer noch nicht, worum es geht. Also, Ihre Freundin arbeitet in der Nachtschicht in einem Gebäude, ja?«

»Hm, ja.«

»Und sie ist jetzt ganz alleine da und ist eingesperrt?«

»Na ja, wissen Sie, sie ist Ausländerin. Sie kann nicht deutsch sprechen, so wie wir das tun.«

»Aha ...?«

»Na, egal. Wie machen wir das jetzt?«

»Erst muss ich das mal kapieren...«

»Also, es geht nicht um den Schlüssel oder so. Sie müssen Sie halt überzeugen, dass sie mit mir mitgeht.«

Lauter: »Mann, jetzt mal Klartext. Antworten Sie einfach konkret auf meine Fragen: Was ist das für eine Firma, in der Ihre Freundin arbeitet?«

Stotternd: »Ja, äh ... also ... ein Puff.«

»...«

Und die Hausnummer?

»Polizeinotruf.«

Eine ältere Dame: »Ich bin aus S-Stadt gekommen, über die Brücke, und da habe ich hier unten einen Unfall gehabt.«

»Ist jemand verletzt worden?«

»Nein, nein. Nur die Autos.«

»Okay – Sie sind aus S-Stadt gekommen. Und wo sind Sie jetzt?«

Irritiert: »Na, hier in R-Stadt!«

Ja, sicher. Hätte ich wissen müssen. Liegen ja bloß drei Städte dazwischen. »Und was bitte für eine Brücke?«

»In R-Stadt. Die Brücke halt.«

»Nun gut. Und auf welcher Straße dort?«

»Direkt nach der Brücke. Ist sicher die B-Straße.«

Na, so sicher bin ich mir da nicht. »Wäre gut, wenn Sie mir die Hausnummer sagen könnten.«

»Wie bitte?«

»Die Hausnummer. Da, wo Sie jetzt stehen.«

»Wo ich wohne?«

»Nein. Sie sind ja jetzt auf der B-Straße. Die Höhe hätte ich gerne gewusst. Sehen Sie da eine Hausnummer?«

»Manchmal versteh ich Sie schlecht.«

»Können Sie mir die Hausnummer sagen, von da, wo Sie jetzt sind!?«

»Ich komme aus S-Stadt!«

Durchatmen. »Ja, gut. So weit habe ich das verstan-
den. Und jetzt sind Sie in R-Stadt, auf der B-Straße.«
»Ja. Können Sie kommen? Wir haben einen Unfall!?«
Einmal noch probieren. »Ja, gerne. Können Sie mir
die Hausnummer auf der B-Straße sagen?«
»Meine Hausnummer?«
Warum habe ich damit angefangen? »Nein, die auf
der B-Straße.«
»Also, das ist hier direkt nach der Brücke – wissen
Sie, was ich meine?«
Nee, aber ich lüge jetzt mal. »Alles klar. Meine
Kollegen kommen. Aber lassen Sie Ihr Handy an.
Vielleicht muss ich Sie noch mal anrufen!«
»Wie bitte?«
Seufz.
Zu ihrer Verteidigung muss ich aber hinzufügen,
dass alle ihre Angaben korrekt waren.

Nicht gleich mit der Tür ins Haus fallen …

… dachte sich scheinbar ein Herr, der den Notruf
wählte und einen Kollegen von mir am Draht hatte:

»Polizeinotruf.«
»Ja, guten Tag. Ich bin hier im Wald und habe ein
Zelt gefunden.«
Oh, wie interessant. »Aha.«

»Ja, wissen Sie, ich glaube, das gehörte einem Obdachlosen.«
Na, das wäre ja ein Hammer. »So?«
»Na ja, jedenfalls liegt da einer drin ...«
»Hm, und?«
»... und der ist schon ganz schön verwest.«

Wortgewandt

»Polizeinotruf.«
Die aufgeregte Stimme einer Frau mittleren Alters, ein wenig außer Atem: »Können Sie mal schnell einen Einsatzwagen herschicken? Man hat mich gerade körperlich betätigt ... äh ... und jetzt hat der das ganze Treppenhaus mit Seife besät!«
»...«

Beschleunigen oder verzögern?

»Polizeinotruf.«
Die Stimme eines Mannes in mittleren Jahren: »Ja, hallo. Ich bin auf der A-XX in Richtung XY. Da ist in der *knister* fahrt ein Pkw, der hatte wohl eine Panne. Der steht da ganz schlecht und ungesichert.«
Anrufer von der Autobahn sind nicht unbedingt

meine Lieblingsgesprächspartner – und das schon
gar nicht im Frühdienst. Aber bisher hat er alles
richtig gemacht. Er wusste, welche Autobahn und in
welche Richtung er fährt. Damit ist er vielen weit
voraus. Dass die Verbindung an einer Stelle nicht
gut war, dafür kann er ja nichts.
»In welcher Höhe ist das?«
»In der Ausfahrt YZ.«
»Ah, in der Ausfahrt YZ ...«
»Ja, auf dem Beschleunigungsstreifen!«
Äh? »Sagten Sie AuSSSSfahrt oder AuFFFfahrt?«
Ungeduldig rufend: »In der AUSFAHRT, habe ich
doch gesagt. Haben Sie das jetzt?«
Gedacht: In Ausfahrten gibt es keinen Beschleuni-
gungsstreifen, du Hirsch! Denkst du, man soll erst
mal so richtig auf Touren kommen, wenn man die
Autobahn verlässt, oder was?
Gesagt: »Ja, jetzt habe ich Sie verstanden. Vielen
Dank für Ihren Hinweis, wir kümmern uns drum.«

Laut hören

»Polizeinotruf.«
Die fröhliche Stimme einer jungen Frau: »Ja, mein
Name ist XY. Hier hat es einen Unfall gegeben. Ich
reiche das Handy mal weiter, ja?«
»Ja, ist in Ordnung.«

Die Stimme einer Frau um die fünfzig, leicht barsch.
»Hallo?«
»Polizeinotruf, guten Tag.«
»Ja, also ich hatte hier einen Unfall ... von links
gekommen ... nicht aufgepasst ... und dann ...« –
Pause. »Hallo? Sind Sie eigentlich noch da?«
»Ja, ich höre Ihnen aufmerksam zu.«
Erbost: »Aha, aber davon habe ich nichts gehört!«

Identifikation

»Polizeinotruf.«
Eine männliche Stimme, ruhig, sachlich: »Guten Tag.
Ich habe hier einen Unfall auf der X-Straße 17. Es ist
niemand verletzt worden.«
»In Ordnung. In welcher Stadt befinden Sie sich
denn?«
»Wir sind hier in H-Stadt.«
»Gut. Und Ihr Name ist ...?«
Geduldig: »Moktari – ich bin der Anrufer!«
Ach wirklich?

Unverschämtheit

Donnerstagmorgen, 7:30 Uhr

»Polizeinotruf.«

Die Stimme einer Dame mittleren Alters, sehr kontrolliert: »Ja, Dusta Mattis. Hier blockiert ein Lkw, der Baumaterial ablädt, die ganze N-Straße. Unten am alten Altenheim. Da ist kaum noch ein Durchkommen. Der steht mitten im Weg. Können Sie mal hier vorbeischauen!? Bitte!«

Ruhig und höflich: »In welcher Stadt befinden Sie sich denn?«

Genervt: »Bitte?«

Langsam und deutlich: »In welcher Stadt befinden Sie sich denn?«

Stoisch: »Ich kann Sie nicht verstehen.«

Liegt es wieder an meiner Stimme, nuschel ich, oder ist die Technik gegen uns? »Wegen der Sprache oder wegen der Lautstärke?«

Das hat sie verstanden. Und in den falschen Hals bekommen. Lautes Nach-Luft-Schnappen, dann: »Also, das ist ...« Klick.

»He, hallo. Ich hab es doch nicht bös gemeint ...«

Aber das hört sie ja schon nicht mehr.

Steels Kuriositätenkabinett

In der Polizeinotrufzentrale sitzt man offenbar direkt an der Sammelstelle für eigentümliche Sachverhalte. Oft genug rufen Leute an, die, vorsichtig ausgedrückt, in einer etwas anderen Welt leben. Die meisten dieser Anrufer kann ich am Telefon von ihren Nöten befreien – und den Kollegen von den Wachen damit einiges ersparen. Dann wieder bleibt nichts anderes übrig, als sicherheitshalber einen Kollegen zu schicken, auch wenn ich schon ahne, dass es nicht nötig wäre.

Was einem da so alles Tag für Tag zugetragen wird, reicht von bizarr über tragisch bis hin zu schlicht unglaublich. Sei es der junge Mann in Not, den es mitten auf einer stark befahrenen Straße überkommt, oder der Ältere, nicht minder in Nöten, weil seine Frau ihm die Fernbedienung partout nicht geben will: Da fällt es nicht leicht zu glauben, dass man gerade keinem Telefonscherz aufsitzt.

Wenn man jedoch täglich Anrufe dieser Art entgegennimmt, wird das Weltbild dementsprechend geprägt. Offenbar gibt es im Leben nichts, was unmöglich ist. Überzeugen Sie sich am besten selbst.

Ab halb elf machen alle das Licht aus!

»Polizeinotruf.«

Eine ältere, weibliche Stimme: »Ja, guten Abend oder gute Nacht, sollte ich wohl besser sagen!?«

»Wie auch immer. Wie kann ich Ihnen helfen?«

»Ja. Also. Mein Nachbar, der hat eine ganz helle Lampe. Ich habe dem gesagt, dass er die spätestens immer um halb elf ausmachen muss. Jetzt ist es schon 23 Uhr, und die Lampe brennt immer noch!«

»Und warum ist das schlimm?«

»Na, ich will schlafen. Aber das geht nicht, wenn das hier so hell ist.«

»Na, dann machen Sie doch die Jalousien runter!«

»Nein, nein. Ich brauche frische Luft.«

»Das Fenster können Sie ja ruhig aufmachen. Hauptsache, die Jalousie ist runter.«

»Das geht nicht. Hier muss alles auf sein. Ich brauche ganz viel Luft.«

»Tja. Das ist schwierig. Es ist zwar gesetzlich vorgeschrieben, dass ab 22 Uhr Nachtruhe gilt, aber da steht nicht, dass man um halb elf das Licht ausmachen muss.«

»Ja, aber wenn ich schlafen will?«

»Dann kann ich das gut verstehen.« Das würde ich jetzt nämlich auch gerne. »Aber ich schicke meine Kollegen nicht los, damit sie Ihrem Nachbarn das Licht ausmachen!«

»Nein?«

»Nein, ganz bestimmt nicht. Wie wäre es denn mit einer Schlafbrille für Sie?«

Herzliches Lachen. »Eine Schlafbrille? Nein, so eine Maske trage ich gewiss nicht. Da würde ich verrückt werden.«

»Na ja, war nur eine Idee.«

»Ich sehe schon, das führt hier zu nichts. Ich rufe mal besser einen Anwalt an. Der hat sicher ein bisschen mehr Ahnung als Sie. Danke trotzdem für Ihre Bemühungen.«

Immer wieder gern.

Geile Straße

»Polizeinotruf.«

Eine junge Frau: »Hallo, bin ich bei der Polizei?«

Gedacht: Nein. Bei der Polizei bin ich - du bist irgendwo draußen und telefonierst mit deinem Handy.

Laut sage ich: »Ja, richtig. Polizeinotruf.«

»Ja, entschuldigen Sie bitte, dass ich störe. Ich gehe hier gerade mit meinem Kind spazieren und sehe, dass ein junger Mann die große Straße überqueren wollte ...«

»Ja?«

»Na ja, aber als er in der Mitte auf der Straße

angekommen ist, hat er sich auf den Boden geworfen und liegt jetzt da.«

»Er hat sich geworfen – oder ist er gestürzt?«

»Nein, nein. Das war Absicht. Er liegt jetzt da und
onaniert.«

»Er macht bitte was?«

»Er liegt hier mitten auf der Straße und holt sich
einen runter. Die Autofahrer fahren ganz vorsichtig um den herum, aber ich dachte, ich sage Ihnen
mal lieber Bescheid. Nicht, dass da noch etwas
passiert ...«

Gut, dass den Jungen die Geilheit nicht beim Überqueren von S-Bahn-Gleisen überkommen hat. So ist
alles glimpflich ausgegangen. Sofern dieser Orgas-
mus ihm eine Strafanzeige wegen exhibitionistischer
Handlungen wert war.

Krieg?

Sonntagmorgen, 5:45 Uhr

In einer Stadt ist in einer Wohnung ein Feuer aus-
gebrochen, Sirenen alarmieren die freiwillige Feuerwehr. Zehn Minuten lang laufen die Notrufleitungen
heiß. Man hat das Gefühl, die ganze Stadt ist zum
Telefon gestürzt, um die 110 anzurufen.

Wir sind genervt. Die Leute sind entweder neugierig

(»Sagen Sie mal, was ist denn da los?«), oder sie sind ungehalten wegen des Lärms (»So ein Krach um diese Zeit – da kann ich nicht schlafen!«).

Ein Anruf rührt mich dann aber doch ...
6:15 Uhr
»Polizeinotruf.«
Die müde und besorgte Stimme eines älteren Mannes: »Guten Morgen. Die Sirenen sind jetzt schon eine Weile wieder aus. Ist es in Ordnung, wenn meine Frau und ich jetzt wieder aus dem Keller herauskommen?«

Das musste mal gesagt werden

»Polizeinotruf.«
Eine weibliche Stimme, leicht weinerlich: »Mir geht es immer noch gut, ne!«
Erstaunt: »Ach, ja?«
»Ja, noch kann ich.«
»Das ist ja prima.«
»Manchmal denke ich aber komisch. Heiraten will ich auch. Wer saufen kann, kann auch arbeiten – das alte Arschloch. Ich glaube aber, ich bekomme eine Erkältung. Tschüss, ne!?«
Klick.
»Äh ... ja, alles Gute dann.«

Schlimme Sache

»Polizeinotruf.«
Ein Kollege ist dran, ich höre mit. Ein Mann, Ende
fünfzig. »Schicken Sie mir einen Streifenwagen,
bitte!«
»Worum geht es denn?«
»Ich brauche Hilfe.«
»Sind Sie verletzt?«
»Nein, meine Frau ...«
»Ihre Frau ist verletzt?«
Empört: »Die ist nicht verletzt, aber die will mir die
Fernbedienung nicht geben!«
»Hm ... und was ist daran jetzt so schlimm?«
»Ja, wie soll ich denn das Programm umschalten,
wenn ich keine Fernbedienung habe!«

Kontrolle

Nachts

»Polizeinotruf.«
Eine männliche Stimme, angetrunken: »'nenabend.
Ich wollte nur mal gucken, ob Sie auch ans Telefon
gehen. Bei 112 habe ich auch angerufen, aber die
schlafen wohl schon. Die gehen nicht ran.«
Tja, da waren die wohl schlauer als ich. »Prima. Jetzt

haben Sie das ja kontrolliert, und jetzt legen Sie bitte wieder auf. Das ist eine Notrufleitung – die müssen wir freihalten!«
»Okay, tschüss.«

15 Minuten später.

»Polizeinotruf.«
Derselbe Anrufer. »Sooo, da bin ich noch mal. Bei 112 geht immer noch keiner ran. Ich würde ja gern länger mit Ihnen sprechen, aber das geht nicht. Das ist nämlich eine Notrufleitung – die müssen wir frei halten!«

Habe ich ihm das nicht super beigebracht … ;-)

Sorgen?

»Polizeinotruf.«
Eine männliche Stimme, energisch: »Guten Abend. Ich habe gerade eine Explosion gehört. Muss ich mir irgendwie Sorgen machen?«
»Sie haben eine Explosion gehört?«
Beharrlich: »Ja, eine Explosion. Muss ich mir da jetzt Sorgen machen?«
Ehrlich: »Also, ich mache mir bei so was immer Sorgen!«

Ungeduldig: »Ja, ja. Also, was war das denn jetzt?«
»Ja, keine Ahnung. Ich höre von Ihnen zum ersten
Mal davon.«
Unwirsch: »Was? Sie wissen gar nichts davon?«
»Nein, Sie sind der Erste, der wegen einer Explosion
anruft.«
Absichernd: »Sie haben also nichts damit zu tun?«
Erwischt. Doch, klar. Wir sprengen ja ständig irgend-
was. »Nein, wir haben nichts mit einer Explosion zu
tun.«
Abgehakt. »Na ja, dann. Hätte ja sein können, dass
Sie mir Auskunft geben können. Tschüss.« Klick.
Tja. Ich war frisch aus dem Urlaub und noch nicht
richtig fit. Eigentlich hätte ich auch noch die ein
oder andere Frage stellen wollen ...

Bitte leise!

»Polizeinotruf.«
Eine männliche Stimme, schnell, nuschelnd:
»*Brabbel, brabbel, zisch*«
»Hä? Was ist los?«
»Ja, die alte Frau macht nicht die Tür auf.«
»Muss sie das denn?«
»Hm, ja ... *zisch ... sabbel*. Die wird gerade ver-
gewaltigt. Das ist auch eine Ruhestörung – das geht
so nicht!«

Nie mehr heiraten

»Polizeinotruf.«
Der Anruf kommt aus einer Telefonzelle, wie ich auf dem Display sehen kann. Eine weibliche Stimme brüllt mich an: »Ich heirate nie mehr. Männer und Frauen – das ist doch alles scheiße. Ich habe die Schnauze voll!« Klick.
Tja, manchmal muss man es wohl einfach rauslassen.

Seltsamer Name

»Polizeinotruf.«
Eine männliche Stimme, leichter Akzent: »Jaaa … ich brauche hier mal einen Wagen.«
Ich spare mir eine Entgegnung. »Was ist denn geschehen?«
»Ich wurde zusammengeschlagen von zwei Typen. Die haben mir mit einem Baseballschläger den Arm gebrochen.«
»Okay, dann schicke ich auch einen Krankenwagen. Ich sehe, Sie stehen in einer Telefonzelle?«
Zögernd. »Äh … jaaa?«
»Wie ist Ihr Name, bitte!?«
Unwirsch: »Ach, vergessen Sie's!«
Klick.

... aber es hätte schlimmer sein können

»Polizeinotruf.«

Eine männliche Stimme, kurzatmig, aufgeregt: »Wir brauchen schnell Hilfe. Am besten sofort einen Notarzt!«

»Was ist denn passiert?«

»Wir sind hier auf 'nem Gerüst an 'nem Dach am Arbeiten, und mein Kollege ist abgestürzt!«

»Ist er noch ansprechbar?«

»Ja, sprechen kann er noch.«

»Wie tief ist er denn gestürzt?«

»Hm ... so einen halben Meter, würde ich sagen.«

»Einen *halben Meter?*«

»Ja, das ist nicht so hoch. Aber dem ist ganz schwindelig ...«

Äh, ja, mir gerade auch.

Auflösung:

Arbeiter führten Reparaturen an einem Dach durch. Einem der Arbeiter wurde schwindelig, er stürzte auf dem Gerüst und schlug sich den Kopf an. Zu einem »Dachsturz« im eigentlichen Sinn kam es nicht.

Verschwörungen – Vol. I

»Polizeinotruf.«

Ein Mann, geschätzte 30 bis 35 Jahre, etwas atemlos: »Hallo, ich muss dringend etwas melden. In L-Stadt – da sind *Freimaurer!*«

»Ja.«

Immer noch schnell atmend: »Haben Sie verstanden, was ich gesagt habe? Hier sind FREIMAURER!«

»Ja, und nicht nur dort. Die findet man wahrscheinlich in jeder Stadt.«

Ungläubig: »Waaaaas? In jeder Stadt?«

»Ja, ich denke schon.«

Verblüfft: »Ja, äh, Sie meinen, dann herrscht hier gar kein Notstand?«

Beruhigend: »Nein, ich denke, da ist alles klar.«

Verwundert: »Dann hätte ich ja gar nicht anrufen müssen!?«

»Richtig.«

Immer noch verdattert: »Ja, äh ... dann tschüss.«

Kollegenshorties

Eine Frau: »Also, mein neunzigjähriger Nachbar, der sieht auf einmal so helle Dreiecke. Und einmal sah er, dass die Wände sich verschieben. Also – das mit den Wänden wird mir langsam unheimlich ...«

Ein junger Mann, in dessen Wohnung eingebrochen wurde: »Was? Ich soll so lange in der unordentlichen Wohnung warten, bis die Kripo kommt? Ey – wie krass ist das denn, bitte!?«

Ein alter Herr: »Hoho. Da wäre ich beinahe auf den Hintern gefallen. Das war aber knapp. Mann, ist das glatt. Nee, ist *das* glatt. Das geht so nicht. Da müssen Sie mal alles absperren. Am besten machen Sie komplett zu ... Wo das ist? Na, hier bei Aldi. Die wischen hier den Boden – nee, was ist das *glatt!*«

Licence to live

»Polizeinotruf.«
Die stammelnde, dünne Stimme eines Mannes:
»Hallo, hier ist Ludger Golli. Was macht die Merkel denn nur?«
Aha, ein alter Bekannter. Zumindest telefonisch.
»Ja, was macht sie denn?«
Ungeduldig: »Merkel, Angela Merkel. Was macht die denn nur?«
»Ja, ich habe schon verstanden, wen Sie meinen. Was glauben Sie denn, was die macht?«
»Hören Sie – ich bin nicht geistig behindert oder so!«

Abwehrend: »Nein, das weiß ich doch. Vielleicht ein wenig unkonventionell, ne!?«

»Die Merkel – ich will doch meine Ruhe haben.«

»Ja, die sollen Sie auch haben. Und da stört Frau Merkel?«

»*Angela* Merkel.«

»Ja, habe ich verstanden.«

Bittend: »Ich will doch nur eins von Ihnen: Geben Sie mir die Erlaubnis zu leben!«

Huch. Dann ernsthaft und in feierlichem Ton: »Herr Golli, ich gebe Ihnen hiermit unwiderruflich die Erlaubnis zu leben.«

Gerührt: »Danke. Mehr wollte ich doch nicht. Ich rufe jetzt nicht mehr an.«

Klick.

Präzise

Gespräch mit einer Frau.

...

»Was war das denn für ein Pkw?«

Ein wenig unschlüssig: »Hm ... ich weiß es nicht so genau ...«

Ah, das kenne ich. Immer wieder spannend, wie unterschiedlich die Menschen es mit der Genauigkeit nehmen. Manche sind schon zufrieden und empfinden ihre Antwort auf die Frage nach ihrem

Aufenthaltsort als sehr genau, wenn sie gerade einmal die korrekte Stadt nennen können. Und dann gibt es welche, deren Ansprüche deutlich höher liegen. Ähnlich mit Autos ... Ich bin mir sicher, sie sagt gleich etwas wie: »So ein langer Kofferraum, so wie ein Passat, aber mehr eckig, wissen Sie.«

Ich versuche, mich schon vorab mit wenig zufriedenzugeben. »Wissen Sie denn, was der Pkw für eine Farbe hatte?«

Immer noch zögernder Tonfall: »Ja, der war dunkelgrün-metallic. Und es war ein Daimler-Benz 350 SL. Aber das Baujahr, das weiß ich nicht genau.«

Äh – ja, Hut ab, gnädige Frau.

Ungefähr

Anruf eines Ladendetektivs bei meinem Kollegen, der eine Frau auf frischer Tat ertappt hat. Er hat sie in sein Büro gebeten und braucht die Polizei, um ihre Personalien feststellen zu lassen.

Kollege: »Wie alt ist die Frau denn – so ungefähr?«

Der Detektiv eifrig: »Moment ... Wie alt sind Sie denn – so ungefähr?«

Stress

»Polizeinotruf.«

Die Stimme einer älteren Dame. »Ja, guten Tach ...
Ich hatte vorhin mal angerufen und zwei Kollegen
von Ihnen bestellt ...«

»Bestellt haben Sie die – so, so ... Und um was ging
es genau?«

»Na, die sollten kommen, weil doch mein Ofen weg
war.«

Höre ich jetzt vor Stress schlecht? Hier laufen die
Telefone heiß, wir sind wegen Krankheit unterbe-
setzt, und ich weiß meinen eigenen Namen nicht
mehr. Und jetzt das? »Ihr *Ofen* war weg?«

»Ja, genau. Aber Sie müssen nicht mehr zu mir
kommen, der ist wieder da.«

»Der Ofen ist wieder da. Aha. Ja, wo war er denn?«

»Na, hier hinter dem Sofa lag er.«

Verständnisvoll: »Na, da muss man aber auch erst
mal drauf kommen, ne!?«

Glücklich lachend: »Ja, stimmt. Da konnte ich lange
suchen. Also, noch mal danke für Ihre Hilfe.«

»...«

Lieber mal nachfragen

Anruf bei einem Kollegen:

»Polizeinotruf.«
Die Stimme einer Frau. »Guten Tach. Will ja kein'
falsch beschuldigen. Aber hier sitzt einer auffer
Bank un' is am Wichsen. Is das in Ordnung?«

Suizidal

Wenn es um Leben und Tod geht, dann sind Pietät
und Ernsthaftigkeit geboten. Hat bei mir zumindest
in diesem Fall nicht geklappt:
   Ein junger Mann hat sich gestern Abend von seiner Freundin getrennt. Nun kann er sie nicht mehr
erreichen und macht sich Sorgen. Da er auf seiner
Arbeitsstelle ist, will er mich bewegen, die Kollegen
aus Köln zu seiner Freundin zu schicken. Die sollen
sich vergewissern, dass es ihr gut geht.
   Seine Geschichte ist nicht allzu überzeugend, und
er gibt sich alle Mühe, mir die Dramatik der Situation begreiflich zu machen …

Beschwörend. »Doch, Herr Wachtmeister, glauben
Sie mir. Die war gestern ja so fertig, die wollte sich
etwas antun.«

Skeptisch: »Woran machen Sie das konkret fest?«
Dramatisch: »Die hat die Luft angehalten! Ich
musste ihr mit Gewalt den Mund aufmachen …«
Wider Willen muss ich an einen alten Asterix-Comic
denken, in dem ein kleiner Junge mit Luftanhalten
immer alle erpresst – und kann nicht anders: Ich
muss herzhaft lachen …
Unfreiwillig ein wenig mitlachend: »Heh … Herr
Wachtmeister… Das war gar nicht so lustig.«
Tut mir leid, aber ich konnte nicht anders.

Statuswechsel

Ein kleiner Versprecher kann einen ganz schnell
vom Hinweisgeber/Zeugen zum Beschuldigten
machen:
»Hallo? Ich habe hier ein gefundenes Fahrrad
geklaut …«

Total laut

»Polizeinotruf.«
Die Stimme eines Mannes, aufgeregt, empört: »Ich
will Anzeige erstatten. Ich bin hier in meiner Wohnung, auf einmal klopft es an der Wohnungstür. Als

ich die Tür öffne, sehe ich gerade noch, wie meine Nachbarin mit ihrem Kind in ihrer Wohnung verschwindet.«

Abwartend: »Aha.«

Immer noch verärgert. »Ja, die hat nichts gesagt oder so.«

»Wann kommt jetzt in der Geschichte Ihr Notfall ins Spiel?«

Hartnäckig: »Also, ich will die auf jeden Fall anzeigen, das war total laut.«

»Anzeigen? Ja, weswegen denn? Ist Ihre Tür jetzt beschädigt, oder was?«

»Nein, die Tür ist nicht beschädigt. Aber ... Die hat da richtig laut geklopft ... und ... und ... und ich hatte mal einen Herzinfarkt ... und ich habe mich eben richtig erschrocken!«

Seufz. »Na, dann wünsche ich gute Besserung.«

§ 258 StGB – Strafvereitelung

(1) Wer absichtlich oder wissentlich ganz oder zum Teil vereitelt, dass ein anderer dem Strafgesetz gemäß wegen einer rechtswidrigen Tat bestraft oder einer Maßnahme (§ 11 Abs. 1 Nr. 8) unterworfen wird, wird mit Freiheitsstrafe bis zu fünf Jahren oder mit Geldstrafe bestraft.

Habe ich in dem obigen Fall am Ende ein versuchtes Tötungsdelikt vertuscht ...?

Auf der Leitung

Gespräch mit einem jungen Mann.

»… da kann ich Ihnen nicht helfen, da müssen Sie die 112 anrufen!«
»Die 112, alles klar. Dann rufe ich da an. Können Sie mir vielleicht die Telefonnummer sagen?«

Meine Stimme

Stimmen wirken auf jeden verschieden. Da mache ich offenbar keine Ausnahme.

»Polizeinotruf.«
Eine weibliche Stimme. »Ähm … hallo?«
Ruhig. »Hallo.«
Unsicher. »Ja, äh … Kann ich jetzt sprechen?«
Freundlich: »Wenn Sie möchten – gern!«
Lacht. »Ja, ich war mir nicht sicher. Ich dachte zuerst, es wäre eine Maschine dran, so ein Anrufbeantworter …«

»Polizeinotruf.«
Eine weibliche Stimme, ärgerlich: »Guten Abend. Ich möchte mich über eine Ruhestörung beschweren.«

Ruhig und freundlich: »Okay. Wo wohnen Sie denn?«

Durcheinander. »Ich … äh … also *lacht* Ich bin jetzt ein bisschen durcheinander – Sie haben so eine tolle Stimme *lacht wieder verlegen* …«

Selbstjustiz II

»Polizeinotruf.«

Die heulende Stimme einer Frau: »Ich brauche hier mal die Polizei. Ich habe Streit mit so einer alten Omi. Die meint, ich wäre hier falsch mit dem Fahrrad gefahren.«

Ich sehe vor mir das Bild einer gebrechlichen alten Dame, die ein wenig vor sich hin meckert.

»Sie haben Streit mit einer alten Omi und wählen deshalb den Notruf und brauchen die Polizei?«

Kläglich aufheulend: »Jaaaa, buhuuuhuu. Die hat mir zweimal mit der Faust ins Gesicht geboxt …«

Ups, eine Kampfomi. Da schicke ich mal lieber schnell einen Wagen.

Stalking – der neue Trend?

»Polizeinotruf.«
Die Stimme einer Dame in den mittleren Jahren, teils
verärgert, teils verzweifelt: »Ja, hallo!? Ich werde
hier von einer Taube belästigt. Immer wenn ich das
Fenster öffne, dann will die hier rein!«
»…«

Pkw-Diebstahl

»Polizeinotruf.«
Die Stimme eines Mannes, aufgeregt, entrüstet: »Sie
müssen schnell kommen. Mein Porsche ist weg. Den
haben sie gerade geklaut.«
»Haben Sie den Diebstahl beobachtet?«
Hastig: »Nein, nein. Aber das muss gerade eben passiert sein. Ich bin hier an einer Raststätte. Die fahren
jetzt damit über die Autobahn davon!«
Ruhig: »Sagen Sie mir bitte ganz genau, was geschehen ist. Sie sind mit dem Porsche an einer Raststätte
gewesen!?«
Weiter panisch: »Ja, genau. Ich habe den Schlüssel
hier auf die Theke gelegt und wollte mir nur
schnell Pommes holen. Jetzt komme ich wieder
und … oh. Nee, warten Sie mal. Hier isser. Ah, haha.
Der Schlüssel ist hier. Nee, da ist wohl nix geklaut.

Hat sich alles geklärt. Entschuldigen Sie bitte die Störung.«

Dauer der Ermittlungen: Weniger als zwei Minuten ... :-)

Carmen Nebel

»Polizeinotruf.«
Die Stimme einer alten Dame, sehr entrüstet: »Na, das ist doch verrückt. Ich wähle die Nummer, die Carmen Nebel gerade angegeben hat, und lande bei Ihnen. Entschuldigen Sie bitte!«
Na, was die im Fernsehen aber auch so alles machen ...

Stau

»Polizeinotruf.«
Eine Männerstimme, tief, ganz ruhig: »Guten Abend. Ich stehe hier auf der Autobahn schon recht lange im Stau ...«
Seufz. Habe ich heute schon verdammt oft gehört. Seit Tagen fällt Schnee und sorgt für Chaos auf den Straßen. »Ja?«

Bedächtig: »... da wollte ich mal fragen: Muss ich hier eigentlich die ganze Zeit auf Stand-by bleiben und aufpassen, oder kann ich nach hinten auf den Rücksitz klettern und eine Runde schlafen?«

Alles nass

»Polizeinotruf.«
Die Stimme einer älteren Dame, leicht gehetzt: »Ja, es ist grausam. Die körperliche Misshandlung hört nicht auf. Ich bin noch keine zwei Stunden im Bett, zwei Stunden, da bin ich pitschepatschenass – meinen Sie, ich habe noch Lust, ins Bett zu gehen? Das geht schon Tage so. Und jetzt schon wieder. Ich kann ja gar nicht mehr in das Bett gehen, ich ekel mich ja schon davor, ich wohne in H-Stadt, F-Straße, die sind hier alle zuständig. Es wäre nett, wenn Sie uns mal helfen würden!«
Klick.
»???«

Moral vs. Gesetz

»Polizeinotruf.«

Die aufgeregte Stimme eines ausländischen Mitbürgers, wahrscheinlich Mitte fünfzig: »Ja, kommen Sie mal schnell. Hier ist Hausfriedensbruch. Ein Mann ist in der Wohnung.«

»Bei Ihnen ist ein Mann in der Wohnung?«

»Nicht bei mir, bei meiner Tochter.«

»Ach so, und Sie sind auch bei Ihrer Tochter in der Wohnung.«

»Nein, nein. Ich wohne oben drüber, gleiches Haus.«

»Ah, okay. Also, bei Ihrer Tochter ist ein Mann in der Wohnung. Was macht der denn da?«

»Der schläft. Kommen Sie, und schmeißen Sie den raus!«

Verblüfft. »Der schläft?«

Ungeduldig: »Ja, ja. Kommen Sie, der muss weg!«

Habe noch immer Verständnisschwierigkeiten.

»Wie kam der Mann denn in die Wohnung?«

»Meine Tochter hat ihm aufgemacht.«

Sortierend: »Also, Ihre Tochter hat den Mann reingelassen, und jetzt schläft er da. Und Ihre Tochter will, dass der Mann wieder geht, richtig!?«

»Nein, meine Tochter will, dass er bleibt. Aber mein Schwiegersohn ist nicht da. Der will sicher nicht, dass der Mann da ist.«

»Ja, aber, wenn Ihre Tochter will, dass ...«

Zürnend: »Egal, was meine Tochter sagt: Das geht nicht. Der Mann ist ihr Geliebter, der muss weg. Mein Schwiegersohn will so was nicht.«

Jetzt kapiere ich das langsam. »Ach so, Ihre Tochter hat noch einen Freund …«

Böse: »Ja, stellen Sie sich vor: Die waren nackt, die haben GEBUMST!!!«

»So? Da wissen Sie ja gut Bescheid!?«

Aufgebracht: »Ja, kommen Sie schnell. Ich kann alles zeigen, ich habe Fotos von denen gemacht.«

Verdattert: »Sie haben Fotos gemacht, als Ihre Tochter gebumst hat?«

Zufrieden: »Ja, ich habe Beweise. Jetzt haben wir Hausfriedensbruch, jetzt können Sie den raus-schmeißen.«

»Ich verstehe gut, dass Sie sauer sind. Und Ihr Schwiegersohn tut mir leid. Das ist überhaupt nicht in Ordnung, was Ihre Tochter macht …«

Empört: »Ist doch verheiratete Frau, kann doch nicht Liebhaber haben!«

Bedauernd: »Ja, das sehe ich auch so. Aber das ist in Deutschland nicht verboten. Und da Ihre Tochter auch Mieterin der Wohnung ist und möchte, dass ihr Freund sie besucht …«

»Geht so nicht. Die haben da gebumst – und da sind doch auch die Kinder in der Wohnung!«

Aha, die alte Trumpfkarte mit den Kindern. »In wel-chem Zimmer haben die denn gebumst?«

»Im Schlafzimmer. Das geht nicht. Ganz nackt – und

die Kinder. Der muss weg! Jetzt kommen Sie
schnell!«
Langsam: »Die Kinder waren aber nicht im Schlaf-
zimmer, oder?«
»Nein, die sind im Kinderzimmer.«
»Was machen die Kinder?«
»Die Kinder schlafen, ist doch schon spät.«
»Die Kinder schlafen im Kinderzimmer, Ihre Toch-
ter hat in ihrem eigenen Schlafzimmer Sex. Ich
vermute, dass Ihre Tochter auch schon mal mit
Ihrem Schwiegersohn ...«
Hastig unterbrechend: »Ah, bah. Aufhören. Kommen
Sie jetzt oder nicht?«
Bedauernd: »Es tut mir leid. So wie Sie mir den Sach-
verhalt schildern, kann ich nichts für Sie tun.«
Verständnislos: »Das ist unglaublich. Ich verstehe
das nicht. Die sind doch verheiratet ...«

Bedrohung, Vol. II

»Polizeinotruf.«
Eine Dame mittleren Alters: »Jahaaa. Die Tochter,
die is mich hier am Bedrohen!«
»Ihre Tochter bedroht Sie?«
»Ja, die is am Flennen, weil ich flenne!«
Nanu? »Am Flennen, weil Sie flennen?«
Einlenkend: »Na ja, flennen möchte.«

Verlassen wir dieses Gleis. »Wie alt ist denn Ihre Tochter?«

Triumphierend: »Die ist zwölf – wird aber DREI-ZEHN!«

Ich habe leider immer noch Fragezeichen. »Und wie bedroht Ihre Tochter Sie?«

»Na, sie droht, dass sie die Polizei anrufen will.«

Seufz. »Das ist keine Drohung.«

Freudig überrascht: »Nee? Dann ist das erledigt!«

Rufend. »Eileeeeeen!? Das ist keine Drohuunnng!!!«

Klick.

Äh, ja. Ich habe gern geholfen …

Prioritäten

Eine Kollegin hat einen Notruf angenommen. Ihre Gesprächspartnerin ist sehr aufgeregt, hastig und ungeordnet. Die Kollegin versteht nicht viel mehr, als dass es Streit gab, jemand wurde geschlagen, und weggenommen wurde auch jemandem etwas. Sie entsendet Kollegen.

Kurz darauf wählt die Dame erneut den Notruf, den ich dann annehme. Hier ein kurzer Gesprächs-auszug:

»Polizeinotruf.«

Die Stimme einer Frau, geschätzt Mitte bis Ende

dreißig. »Ja, kommen Se jetzt mal endlich. Wir
können den nich mehr halten un meine Freundin is
schon am Bluten hier.«
»Ihre Freundin ist verletzt!? Benötigen Sie einen
Krankenwagen?«
Ungeduldig. »Pfff, Krankenwagen. Ey, hier muss mal
die Polizei kommen un den Verbrecher festnehmen.
Ey, der hat die übern Boden gezogen – dat geht doch
nich!«
Beharrlich: »Natürlich nicht. Die Polizei kommt ja
auch. Wie schwer ist Ihre Freundin verletzt? Soll ich
lieber einen Krankenwagen zu Ihnen schicken?«
Verärgert. »Boah, Mann, ey. Die blutet ausser Nase,
aber die steht noch und kann auch reden. Ey, jetzt
schnappen Se den Kerl ma. Der versteckt sich da im
Gebüsch, glaub ich.«
Seufz. »Okay. Keinen Krankenwagen. Dieser Kerl –
Sie kennen den, oder!?«
Unwillig: »Hmmm, joa. Ich war'n paarmal mit dem
zusammen, aber dat war echt 'n Fehler. Jetzt kom-
men Se und sperren dat Arschloch ein!«
Beruhigend: »Machen wir doch. Während wir uns
unterhalten, sind längst Kollegen zu Ihnen auf dem
Weg. Bitte beschreiben Sie mir den Mann mal, damit
die Kollegen ihn gleich beim Eintreffen oder auf der
Anfahrt erkennen.«
Konzentriert: »Ja, okay. Also: Der hat 'n Samsung
Handy und schwarze Haare.«

Steel, der AB

»Polizeinotruf.«
Eine ruhige männliche Stimme mit betont korrekter
Aussprache: »Ja, schönen guten Tag. Primavera,
Romano mein Name. Wohnhaft in W-Stadt, Soundso-
straße 11. Ich bin heute Mittag von meinem Neffen
Danuto Primavera, wohnhaft Anderestraße 14, in
übelster Mache, äh, angemacht worden. Er hat mir
Prügel angedroht und gesagt, er werde mich umbringen. Ich wollte Ihnen das nur mal sagen, ich bin
studierter Diplombiologe, äh, ich versuche, dem
deutschen Staat zu helfen, wo immer es geht, und
äh, aber jetzt äh, Danuto Primavera kann es sich
nicht erlauben, seinem Onkel, der zwanzig Jahre
älter ist als er selbst, den Tod anzudrohen. Also, ich
möchte, dass Sie das verfolgen, und ich glaube, er
war auch schon mal in Haft, und ich glaube, er
gehört auch noch dorthin. Dankeschön.« Klick.
»Ah … ja, danke für Ihre Nachricht … «

Agent enttarnt

»Polizeinotruf.«
Die Stimme eines jungen Mannes, wahrscheinlich
Anfang zwanzig, leichter Akzent. »Äääähm …
Kaputschi, Salem. Mein Fahrrad ist weg.«

»Ja, wo war es denn zuletzt?«

»Das war gestern, ich hatte es zuletzt gestern, bevor ich bei Ihnen ausgenüchtert habe ... ääääh, aah, am Bahnhof. Ich hab es abgeschlossen, ähhh, ääääh, Security, ääääh, es war jetzt ... äh, also es war abgeschlossen, aber nicht so ganz. Also in Münster hatte ich ein dickeres Schloss. Also, es war noch nicht so dick wie mein Schwanz, aber es war noch immer sehr dick!«

Hä? Habe ich mich da verhört? »Nicht so dick wie Ihr Schwanz?«

Erklärend: »Ja, ääääh, ääääh, mein Schwanz hat 'ne größere ... ääääh. Ich hab zwar nicht so den ganz langen Schwanz, aber mein Umfang ist sehr groß.«

Ruhig: »Und darüber möchten Sie mir jetzt etwas erzählen?«

Abwehrend. »Nein, nein. Es geht um mein Fahrrad.«

Ist mir auch lieber. »Gut, dann bleiben wir dabei, denn mit Ihrer Schwanzgröße kann ich in dem Zusammenhang überhaupt nichts anfangen.«

Das Thema ist noch nicht so ganz durch: »Mein Schwanz ist, ähhh, meine Schwanzgröße ist 18,7 Zentimeter lang.«

Seufz. »Gut, jetzt weiß ich es ganz genau, aber mit dem Rad hat das immer noch nichts zu tun – richtig!?«

Zustimmend: »Nee, nee, eben nicht. Aber wo ist mein Fahrrad? Das hat Felgen, die sind sehr teuer. Ääääh, ähhh. Die sind locker 600 Euro wert. Auf dem Schwarzmarkt! Das sind Profifelgen.«

Ich kann es mir nicht verkneifen. »So, Sie kennen sich ja sehr gut aus mit Schwarzmarktpreisen!?«
Lauter werdend: »Ja, hallo, ääääh, ich ... ääääh, ich arbeite beim Geheimdienst. Da kennt man sich dann bei manchen Sachen sehr gut aus.«
Ich bin beeindruckt. »Beim Geheimdienst sind Sie!«
Stolz: »Ja.«
Schmunzelnd: »Jetzt wird die Sache richtig spannend. Ein Geheimagent – und mir haben Sie das verraten!«
Ungerührt: »Das ist kein Problem, ääääh, ääääh, wir sind ja Kollegen! Nachdem ihr mich ja am Mittwoch in Düsseldorf zusammengeschlagen habt, können wir, ääääh, ääääh, also ich tu euch ja nix. Ich könnte die EK anrufen und ... ääääh, www, neee, also der Gedanke ist falsch verflogen. Das ... ääääh, bringt nix.«
Zustimmend: »Nee, das bringt wirklich alles nix.«
Er hat noch mehr: »Ja, ich wollte zur Arbeit fahren, ääääh, ja, also nee, ich muss Amtshilfe fürs BKA ääääh machen.«
»Ja, jetzt ist alles klar. Dann helfen Sie erst mal dem BKA.«
Zufrieden: »Ja, ääääh, gut. Das Fahrrad hat aber auch einen sehr hohen idealistischen Wert, damit habe ich meine ganze Studienzeit durchlebt. Und ich bin immer damit zur Arbeit gefahren.«
Ein Lösungsvorschlag muss her. »Ich würde sagen, eine Hand wäscht die andere. Wenn Sie jetzt dem

BKA helfen, dann können die doch sicher im Anschluss nach Ihrem Fahrrad suchen. Was denken Sie?«

Begeistert: »Ja, klar. Dann muss ich auch los. Einen schönen Tag noch!« Klick.

Drohung

Es ist Fakt, dass die Bürger zum Teil böse mit uns sind. Beleidigungen, Beschimpfungen und Drohungen sind an der Tagesordnung. Was mein Kollege sich hier aber anhören musste – da wollte ich nicht in seiner Haut stecken:

»... und wenn Sie mir nicht helfen, dann ... dann ruf ich in Ostpreußen an!«

Zum Abschluss

»*Mein Nickname ist Steel und ich bin Polizist.*« So begann ich am 8. Juli 2006 meinen Blog, den ich bis heute führe. Auch wenn manchmal große zeitliche Abstände zwischen meinen Einträgen liegen, so macht dieser Blog mir nach wie vor einen Riesenspaß, zumal sich hier bald eine recht anschauliche Zahl an aktiven Lesern einfand. Die vielen Kommentare und E-Mails an Steel runden die Sache für mich richtig ab, und Lob, Kritik und Sachfragen meiner Leser fordern mich heraus und motivieren mich, den Blog auch in stressigen Zeiten am Leben zu halten.

Über die E-Mail-Adresse, die in dem Blog angegeben ist, kamen über die Jahre hinweg immer mal wieder Anfragen von Journalisten, die um ein kleines Interview für irgendein Online-Magazin baten. Dann aber gab es für mich die große Überraschung, als Ende des Jahres 2010 plötzlich eine kleine, aber feine Mail des Piper Verlages bei mir eintrudelte, mit dem Vorschlag, den Inhalt des Blogs doch in Buchform herauszugeben. Für jemanden, der Bücher liebt und in jedem Urlaub mindestens acht Romane verschlingt, war die Vorstellung, ein eigenes Buch zu schreiben, einfach ein Traum. Das Ergebnis meiner Korrespondenz mit dem Verlag halten Sie nun in den Händen.

Angaben über Polizeistrategie, -taktik, personelle Stärken oder Dienstgeheimnisse sind in diesem Buch nicht zu finden. Das darf und will ich nicht weitergeben, und es würde den Unterhaltungswert des Buches in keinster Weise erhöhen.

In den Bemerkungen und in den Dialogen haben Sie Launen, Vorlieben, Abneigungen, Gedankengänge, Bewertungen und Aussagen von mir vorgefunden. Wenn ich einmal leicht unfreundlich war, etwas fehlbewertet oder aus Ihrer Sicht falsch gehandhabt habe, dann werfen Sie es mir vor und nicht der Polizei im Allgemeinen.

Mein Dank geht an:
meine Frau und meine beiden Kinder, die es möglich machen, dass ihr Mann bzw. Vater neben Dienst, Sport, privater Weiterbildung, anderen Freizeitaktivitäten und Hobbys auch noch ein Buch schreibt;

meine Eltern, die aus mir schon in jungen Jahren einen Büchernarren gemacht haben;

meine drei Kollegen Ice Angel, Nr. 1 und Bübchen für jahrelange und treue Freundschaft und den ständigen Beweis, dass es wirklich gute Polizisten gibt;

Sabine Cramer vom Piper Verlag, die »schuld«
an der Veröffentlichung dieses Buch ist.

PS
Wer meinen Blog, auf dem dieses Buch beruht,
besuchen möchte, findet ihn unter:
http://steel.twoday.net/

Florian Bredl

Kunden aus der Hölle

Irrsinniges aus der Service-Welt.
160 Seiten. Piper Taschenbuch

Unfreundlich, unverschämt, nervig, dumm oder schlicht verrückt? Jeder Verkäufer, Berater und Callcentertelefonist kennt sie: Kunden aus der Hölle. Ihre Mission: unnütze Arbeit verursachen, Zeit stehlen, Nerven rauben. Ihre Methoden: Zermürbung, Verwirrung, Fragefolter. Das einzige Gegenmittel: Lachen. Das erste Buch, das den Irrsinn der Service-Welt aus der Sicht der Leidtragenden schildert.

Bastian Bielendorfer

Lehrerkind

Lebenslänglich Pausenhof.
304 Seiten. Piper Taschenbuch

Was wird aus einem Menschen, wenn Mama und Papa Lehrer an der eigenen Schule sind – und somit an jedem Tag im Jahr Elternsprechtag ist, die Mitschüler einen zum Daueropfer ernennen und es bei den Bundesjugendspielen nicht einmal für eine Teilnehmerurkunde reicht? Genau: Er wird selbst Lehrer! Mit gnadenloser Selbstironie schildert Bastian Bielendorfer, wie er der pädagogischen Sippenhaft zu entrinnen versucht, und verrät dabei, welch zarte Seele sich unter so manchem grob gehäkelten Mathelehrerpullunder verbirgt.

Andreas Lehmann

Heiraten ist gut gegen Depressionen

… und was amerikanische Wissenschaftler sonst noch herausgefunden haben. 176 Seiten. Piper Taschenbuch

Endlich, die gesammelten Erkenntnisse der so oft zitierten »Amerikanischen Wissenschaftler«. Absolut wahr und höchst amüsant erklärt dieses Buch, warum schöne Menschen öfter Mädchen bekommen, Schokolade gegen Schmerzen hilft oder Ehen an nicht ausgewechselten Klopapierrollen scheitern können.

Außerdem haben amerikanische Wissenschaftler über amerikanische Wissenschaftler herausgefunden, dass sie für alles eine Erklärung haben. Wirklich, für gar alles.

Rebecca Niazi-Shahabi

Nett ist die kleine Schwester von Scheiße

Danebenbenehmen und trotzdem gut ankommen. 288 Seiten. Piper Taschenbuch

»Weniger ist mehr« gilt vielleicht für die Farbwahl der Abendgarderobe – nicht aber für das anschließende Geschäftsessen. Wer sich immer brav im Hintergrund hält und verbindlich lächelt, hinterlässt außer einem lauwarmen Händedruck bestimmt keine weiteren Spuren. »Nett ist die kleine Schwester von Scheiße« zeigt, dass Charisma erlernbar ist, wie Charme perfekte Manieren ersetzt, und verrät die Geheimnisse prominenter Provokateure. Eine Kulturgeschichte des schlechten Benehmens, die Eindruck macht!

05/2687/01/L   05/2663/01/R

Janine Binder

Seine Toten kann man sich nicht aussuchen

Eine Polizistin erzählt. 256 Seiten.
Piper Taschenbuch

Einsatzstichwort »hilflose Person«. Ein dunkles Treppenhaus, leises Wimmern und keine Ahnung, welches Schreckensszenario sich hinter der Wohnungstür verbirgt. Einsatzstichwort »gefährliche Körperverletzung«. 30 Männer schlagen sich betrunken die Köpfe ein. Ausgang ungewiss, nur eins ist klar: Unverletzt wird Janine Binder heute nicht nach Hause gehen. Seit sie 16 ist, ist die 30-Jährige als Polizistin im Einsatz – und kann heute schon nicht mehr zählen, wie viele Tote sie gesehen hat. Trotzdem würde sie mit niemandem tauschen wollen. Ihr Job ist hart – aber unverzichtbar.

Jeden Tag den Tod vor Augen

Polizisten erzählen. Herausgegeben von Volker Uhl und mit einem Vorwort von Maria Furtwängler. 224 Seiten mit 16 Seiten Schwarzweißfotos von Suzanne Eichel. Piper Taschenbuch

Das schwer verletzte Kind, das Entführungsdrama, der getötete Kollege – Polizisten haben jeden Tag den Tod vor Augen. Wie gehen sie mit solchen Erlebnissen, aber auch der Bedrohung des eigenen Lebens um? In authentischen Geschichten berichten Polizisten aus ihrem Alltag und zeigen sich als Menschen, die andere leiden und sterben sehen, weil es ihr Beruf mit sich bringt. Entstanden aus dem Internet-Projekt »Polizei-Poeten«, mit eindringlichen Fotos von Suzanne Eichel – ein erschütterndes Buch über eine uns verschlossene Welt.

»Dieses Buch ist besser als tausend Krimis.«
Nürnberger Zeitung

05/2699/01/L   05/2259/02/R